ペニスカッター

性同一性障害を救った医師の物語

和田耕治　深町公美子　著

方丈社

世界でいちばん無名な有名人のままにさせてはならない。
この書を和田耕治医師に捧ぐ。

目次

凡例

- SRS（Sex Reassignment Surgery）の日本語の公式表記は「性別適合手術」である（2002年3月、第4回GID研究会にて決議された）が、本書においては和田耕治医師本人の当時の記述を優先し、表記は「性転換手術」で統一した
- 本文の引用文において出典表記がないものは、和田耕治医師本人が書き残したブログ（「性転換手術 美容外科医のBlog」）から引用したもの（ただしブログ引用の初出15 〜 16頁のみ出典を表記）
- 本文の引用文中の〔 〕は、引用者（深町公美子）による補足説明を示す
- ブルーボーイ事件、性転換史については、巻末の補遺に詳述した

はじめに

美容形成クリニックの宣伝がますます盛んになってきています。

マスメディアやネットを通して日々その方法は派手になっていき、テレビのＣＭはまるで商品広告のようです。

今、美容形成外科医は飽和状態にあると聞きます。

そんな現在から約一〇年前に、一人の美容形成外科医がひっそりと五三歳の若さでこの世を去りました。

名前を和田耕治といいます。

わたしの長きにわたるパートナーであり、二人の息子の父でもあります。

彼は医療手術、美容外科のほか、それまで日本では約三〇年間もタブー視されていた性転換（性別適合）手術を自分の独自のガイドラインに則して行ってきました。

正統派の医師が保身などを考えて公の機関では一四例しかなかった性転換手術を、一切の広告・宣伝を謳わずして、死ぬまでに六〇〇例以上こなしたと言われています。

彼の最初の性転換手術は、今芸能界で大活躍のAさんです。以降も彼は性同一性障害の患者さんを救いたいという信念を曲げず、性転換手術の革命医師としてニューハーフたちから「赤ひげ先生」と崇められていました。


その彼が、なぜ非業の死を遂げなければならなかったのでしょうか?


ここに彼が世に残してくれたブログがあります。

今でも自由に誰でも閲覧できるそのタイトルは、「性転換手術　美容外科医のBlog――日本で唯一、開業医として永く本格的なMTF‐SRSに携わってきた医師が、GID(性同一性障害)治療について語ります」です。

彼は開業医として堂々と自分の医師としての信念、「法律や社会が許さないといっても、そんなものは無視してよい」「たとえ罰せられても医師として覚悟の上だ」「国や法律ができる前から医療は存在してるんだ」を掲げ、性転換手術を「ヤミ手術」ではないとし、多くの患者さんを救ってきました。

わたしは、和田耕治という日本の医学界においてリスペクトされるべき医師を闇に葬ってはいけないとの思いを強くしました。

学会や社会から異端視され、その一方で医学界の革命児と言われた、彼のやってきたことの内容は一〇年早かったと関係者から聞かされてきました。


今はどうなのでしょう？

死後およそ一〇年たった今、発表する時が来たのです。

この書を出版するにあたり、「なぜ今？」という質問を何度もされました。

急に耕治さんが亡くなるという事態にわたしたち家族は直面しました。損害賠償金などクリアしなくてはならない問題が山積みとなって残り、弁護士を入れて解決したのが二〇一二年でした。また、生活が激変する中、わたしたち親子は必死で生きていかなければならず、あっという間に今日に至っています。

ようやく整理がつき始めた二〇一三年、約六年ぶりにわたしは彼の遺品が眠る倉庫へ向かいました。まるで眠っているかのような積み上げられた段ボールを一つひとつ開けて、見直し続けました。山のような裁判記録や陳述書……。深い彼の心の叫びが倉庫の中で渦を巻いてこだましているように聞こえました。

六畳分を占めるほどの積み上げられた資料（カルテを入れたらそれ以上）の整理には、想像以上の歳月がかかりました。そんな中で色々な事実もわかりました。悔しい思いもたくさんありました。

本書は構想から五年ほどかかり、ようやく今、出版できる時が来たのです。

和田耕治医師の破天荒な人生を、彼の生い立ち、家族との関わり、知られざる一面などを通して、理解していただけたら幸いです。

彼に感謝をして魂に祈りを捧げながら、彼がこの世に残してくれた功績や知られざる苦労、そして最後まで社会や体制に立ち向かったその姿勢を、多くの人に伝えられたらと願ってやみません。

遺品の一つでもある、彼に対する山のようなお礼の手紙や、彼が死んでからも送られてきたあたたかい内容の手紙に触れ、彼のことを必要としてくれていた世界中の患者さんの思いを無駄にしたくなかったのです。

また「和田式」として彼の名前を堂々と明記してくださっている開業医の方々もいらっしゃいました。

美容形成外科医として彼が取り組んだ軌跡が今後も語り継がれ、日本のＧＩＤの患者さんのためにも、彼が残してきた功績が生かされ、さらに発展していくことを願っています。

深町公美子

序章

萌芽《きざし》

一九七〇年代半ば――。

私はある大学を中退して医学部へ進むために大阪で浪人生をしていたのですが、その時バイトでゲームセンターで夜中働いてました。三〇年以上前の当時のゲームセンターは今と違い、カジノっぽい感じで、夜中の客層はホントに質が悪いやら怪しいやらで、よくオカマなんかも出入りしていたんです。当時はニューハーフなんて言いません。みんなブサイクというよりゴツくて怖かったんですが、しかし毎晩のように見るので慣れてしまってむしろ親愛の情さえわいていたのか、私には何か理解できる人達ではありました。

（「性転換手術　美容外科医のBlog」より）

深夜のゲーム喫茶は、掃き溜めのようだった。現在のゲームセンターのような、きらびやかで多種多様なゲーム機などはない。二、三年後にはインベーダーゲームで賑わうことになるのだが、まだこの頃はピンボールやルーレットゲーム、ポンなどしかなく、刺激を求める人間の常として賭け事をする輩も少なからずいた。

換気扇が追いつかないほどのタバコの煙——。よどんだ空気が鼻をつく。ゲーム機の電子音のノイズに乗って、女言葉のダミ声も飛び交う。女装した男たちである。化粧はしているが、顔の輪郭や骨格は男のままで皆ごつく、声も野太い。

レジ横には二〇歳そこそこのアルバイトの青年——。

彼はもうよほど見慣れていたが、やはりいつものように不思議な気持ちで目の前の光景を眺めるのだった。

「もっと綺麗なオカマがいてもいいものだろう……」

四半世紀ののち、日本のニューハーフのおよそ半分が、この青年のおかげで女性の身体を手に入れることとなろうとは、この女装した男たちも、そして青年自身でさえ、夢にも思っていなかった。

信念

医療は誰のためのものでしょうか？

極論を言えば、私は患者一人一人の苦しみからの救済、手助けのためにあるのであって、国や法律や宗教などは一切関係ないと思っています。たとえ違法だろうが、患者は苦しみから救われる権利を人として当然有しており、誰かに不当な迷惑をかけるわけでもない限り、医師は患者に救いの手を差し伸べるべきだと思います。

「法律や社会が許さないといっても、そんなものは無視してよい・たとえ罰せられても医師として覚悟の上だ・国や法律ができる前から医療は存在してるんだ」というのが私の信念です。

性転換手術に半生を捧げた孤高の美容外科医、和田耕治医師が記した言葉である。

彼は、何よりも患者を第一に考え、法うんぬんの前に一人の人間として悩める患者を救いたい、その一心で治療を最後まで続けた。宣伝・広告に一円も費用をかけたことはないが、常に何ヶ月も先まで予約でいっぱいだった。日本でいちばん「無名」の有名人であった。――この国で長らく葬られてきた医療だったがゆえに。

なぜヤミ手術と呼ばれたか？

私が性転換手術を始めた頃はまだ日本では、この手術は先進国で唯一ヤミ手術扱いでした。昭和四四年のいわゆるブルーボーイ事件で行われた去勢手術が当時の優生保護法違反に問われて以来、日本では性転換手術はタブーになり、裁判判例ではこの治療の必要性は認められながらも、実際にこの治療のとりくみが行われることは表面上なくなりました。

「さわらぬ神にたたりなし」のように、本来この治療に主体的に関わる形成外科医も一部の手術書に少々触れるのみで、多くの患者を見て見ぬふりをしてきました。そのため患者さんは手術を求めて海外へ行かざるをえず、術後の経過を十分に見てもらえる保証もない手術を受けるしかありませんでした。

（記者とのメールより）

和田医師は、いわゆる「正当な」同業者からは陰口を叩かれ、一方でニューハーフ界では「現代の赤ひげ先生」とも呼ばれ、神様仏様と慕われていた。

しかし最後まで孤高であった。

和田医師はいったいどれだけの人を救っただろう。彼がいなければ、どれだけの人が途方にくれ、自らを殺めたことだろう。

破られるタブー

二〇〇二年四月。それは大々的に報道された（二日、三日）。

どの新聞や週刊誌を見ても、「性転換」の文字がでかでかと書かれ、各テレビ局のニュース番組やネット記事でも何度も伝えられていた。

【「性転換」手術後に男性急死】

事件は大阪市北区の美容・形成外科「わだ形成クリニック」（和田耕治院長）で起きた。今年二月、東京都小金井市の男性会社員（三五）が性転換手術を受けた直後に容体が急変し、搬送先の別の病院で死亡した。被害にあった会社員は、自分の性に違和感を抱く「性同一性障害」の症状に悩んでいた――。

この国では長らく闇に葬られていた性転換手術が、およそ三〇年ぶりに騒動を巻き起こしたのである。昭和四四年（一九六九）のブルーボーイ事件以来の大ニュースである。しかし不可解なことにいっこうに進展がなかった。

動きがあったのは、二〇〇五年六月一七日。

「性転換で男性死亡　院長を業務上過失致死容疑で書類送検へ」

三年あまりもの長い時間をかけて、警察は和田医師を犯罪者に仕立て上げようと水面下で動いていたのである。

鳴りを潜めていたマスコミが、またしても俄かにざわついた。

業務上過失致死容疑をかけられた和田医師は、風評の嵐を浴びることとなる。

結果的には不起訴処分（起訴猶予）であったが、和田医師は、心身ともに疲労困憊していた。

まもなくして、自身の美容外科人生を振り返るブログを開設する。

「性転換手術　美容外科医のBlog」が、それである。

そこには世間では語られていない真実があった。ブログという誰でもアクセス可能なツールを使って綴ったのは、長きにわたる不可解な取り調べの内情を、自ら伝えておかねばならないと思い立ったからではないだろうか。

うすうす死期を感じていたのかもしれない。更新が途絶えたおよそ一〇ヶ月後に和田医師はこの世を去った。

第1章　生い立ち——大学時代

故郷

私は九州の宮崎県で生れた。宮崎は観光地として有名なところであるが、私の生れた所は宮崎県で唯一とも言える工業都市延岡である。県庁所在地の宮崎市から北へ二時間程汽車で上ったところになる人口一二万の街である。名所旧跡は殆どない。南国特有の海の蒼さも、私の街の海だけは異臭を放つ赤紫色に変っていた。

私はこの町で一九年暮らした。高校を終えた後、一応合格していた大学には進まず一年間自宅に留まり浪人生活をしたのである。小さな町ではあったが、私の心には大きな影響を与えている。延岡市は同じ規模の他の諸都市とは何か異なるものがあった。いやこれは私の独断かもしれない。この町の最も特筆すべき特徴は、此処に住む殆どの人々にとって「故郷」ではないということだった。市民の約八割はその街に君臨していたある大企業の直接、間接の関係者であった。働き口を求めて他市他県から流れ込んできた人々が殆どだった。私の父もその一人であった。工場と工員を異常に擁した町、そんな町は何処か奇蹟的な発達を必ずみせている。この町には祭らしい祭はなかった。殆どの人々にとって「故郷」でないのだから当然である。城下町としても伝統は既に、この町にあの巨大な企業がうぶ声をあげたとき崩壊しはじめていた。七万石の城下町の面影は何処にもなかった。

（昭和五〇年頃、予備校時代のノートより）

＊

この私小説風の書き出しは、和田耕治医師がその浪人時代、メモや心境を綴っていた雑記帳に書かれた断章の一つである。目次だけは数章分あるが、本文は残念ながら冒頭だけで終わっている。その後、別のノートか原稿用紙に書かれたのか、あるいは一切書き進めなかったのかはわからない。

古事記と日本書紀にこんな話がある――。

その昔、日本武尊《やまとたけるのみこと》は大和朝廷の命により熊襲《くまそ》討伐に向かった。日本武尊は女装して宴の中に紛れこみ、熊襲の長のそばへと近づいた。長が油断したところを成敗したという。

その話の舞台が、延岡市の西方にそびえる行縢山《むかばきやま》だと言われている。

男が女装した物語としては、日本最古である。

現代になり、多くのニューハーフを救った男がこの延岡の地に誕生したのも、何かの因果であろうか。

*

和田耕治は、昭和二八年（一九五三）一一月五日、宮崎県延岡市で生まれた。四人兄弟の末っ子だった。上には長姉、兄、次姉がいた。父・辰夫は元憲兵の厳しい人だった。母・綾子《りょうこ》はお嬢様育ちの朗らかでやさしい人だった。辰夫は、母親というものは必ず家にいなくてはいけないという家訓を守り、いくら家計に困っても決して綾子を働かせなかった。そんな昔気質でありながら、辰夫の趣味はカメラである。行事がある毎に、家族の写真をフィルムにおさめた。

子供たちの成長が何よりも生き甲斐だったのかもしれない。

和田家は熊本の出だった。終戦とともに職を失った辰夫が、仕事を求めて延岡にやってきたのである。子供らはこの地で生まれ育ったのだが、本籍は熊本のままであった。辰夫が会社の昇進試験の勉強をしている折、そのやり方を見て耕治少年は小さいながら「この人、頭いいな」と感心したそうである。

祖父は手先が器用な人であったが、和田耕治を語るうえでこの祖父の存在は無視できない。名前を兵太郎《ひょうたろう》という。とても不思議な体験をした人である。ある時何かが祖父の身体に入り、彼は「入った」と言ってから、自分の意思とは関係なく手がうずうずし始めた。筆を握るとひとりでに手が動き出しては、一心不乱に何とも不思議な神の顔というか、そんな姿を何枚も描き続けたのである。しかもそれはひと筆書きであった。小さいサイズはB5くらいのものから、大きなものは畳サイズくらいのものもあったという。さらにその不思議な手で人を癒すこともできたそうで、近所の体調の悪い人たちがいつも集っていたらしい。

今残っている絵はよく見ると、ところどころ破れているのだが、それはその噂を聞いた病気の人々が食べて治していたのだという。

現在その絵は和田家の守り札として、子供や孫に受け渡されている。耕治はそれをいつも大事にして大きなものは表装して飾っていた。息子たちも祖父の辰夫からいくつか頂いている。

男前で素晴らしい容姿だった兵太郎じいさんの写真を、耕治はいつも大事に持っていた。この不思議な力を得たかどうかはわからないが、耕治少年はそれらの資質を見事に受け継いで育ってゆく。

耕治は学業では常にトップの成績を修めた。クラスで上位どころではない。学年でいつも一番か二番を争っていた。中学三年には生徒会長も務めた。

しかし、いわゆるガリ勉タイプではない。スポーツも万能で走りも速く、部活をしていた剣道では初段を持っており、主将も務めた。文武両道であった。

のちに彼は医者になってから、妻に「ほんとうはね〜、高校はラ・サールとか灘とか憧れてたな〜、進学校に行きたかったんだ」と語っている（このように本人は語尾を伸ばし気味にしゃべった）。しかし家の事情を考えるとそれは夢のようなことだった。

高校は地元の、兄と姉も通った県立の延岡高校へと進んだ。成績は相変わらず優秀であったが、鋭敏な頭脳は時に偏った思想になびくこともある。

当時全国規模に広まっていた学生運動や大学紛争の余波は、地方の片田舎にまで及んでいた。その煽りをうけ、耕治も仲間を募り、首謀者的立場となって他の生徒を扇動した。当時から改革派のようなリーダーに憧れていたようだ。のちに誰も手を出したがらない医療に半生を捧げることになる片鱗が、この頃からすでにあったのかもしれない。

毎日、仲間や先生相手に論争をし、校門でビラを配るなどして、たびたび問題を起こしていた。その都度、母親は学校に呼び出される。あげく、耕治は卒業式への出席をも拒否されてしまう――何かやらかしそうだという理由で。「卒業式出禁」は、その高校では前代未聞であった。そうして仲間との思い出の涙を分かち合うことなく卒業した。

受験では横浜国立大学に合格していたのだが、そちらには進まず、ひとまず実家での浪人生活に入る。とくに勉学に励んだというわけではない。将来何になりたいか、こころざしの定まらないままで、本腰が入らず、ただ読書に耽っては一日を過ごすことが多かった。

医学部への受験を決意したのは、兄の勧めだという。「もう一度勉強しないか？」の一言だった。耕治はその時はじめて医師という職業に興味を抱いたのかもしれない。この八歳年上の兄は九州大学にストレートで合格し、卒業後も大学に残り学者となっていた。

耕治は「世のため、人のためになろう」と医者になることを決意する。翌年、大阪の予備校に通うことになった。第一志望が京都大学の医学部だったのもあるが、当時、九州では地方の若者が都会に出るといえば福岡はもちろんだが、東京よりはまず大阪へ出る者が多かった。

大阪は、のちに美容外科へと転身してゆく彼にとって、切っても切り離せない土地となる。すでにその頃から、耕治はニューハーフに親しみを感じていたという。アルバイトで見慣れたおかげだった。ニューハーフ——当時でいうオカマは、まだまだ珍しく、日陰の存在で、メディアに出ても偏見の目で見られていた。

浪人時代

やがては持ち前の手先の器用さを生かして、ニューハーフたちの希望と期待に応え、口コミで客が途絶えることもないほどになるのだが、それはまだまだ先の話である。

この大阪浪人時代、耕治は医学部を目指して勉強しながらも、相変わらず読書にも没頭していた。彼は幼い頃から本の虫だった。なけなしのお金はすぐ本代に消えた。彼の部屋は膨大な量の本で四方の壁がおおわれていたという。

三島由紀夫をはじめ、坂口安吾、太宰治、小林秀雄、保田與重郎や、外国作家ではドストエフスキー、ユイスマンス等、多様な作家のスタイルや作品を分析したノートもある。そのノートには、文芸誌主催の文学新人賞の締め切り日と賞金もメモしてあったり、何編かのプロットや書きかけの小説も断片的に残されている。小説家を目指していたというよりは、むしろ新人賞の賞金を生計の足しにしようとしただけのようで、皮算用的に用途まで記してもいた。

のちに医者になってから、耕治は家族によくこう語っていた――「医学部は本当は文科系なんだ」と。これは彼の独自の見解だったかもしれないが、医師の間では、同じような見方をしている人も多いようだ。臨床の場では、経験や感覚を頼りに手探りで進まなければならないこともしばしばで、常に曖昧さがつきまとう。マニュアル通りに進むことはまずない。それゆえ何事も白黒はっきりさせたい理系の医師は、臨床から離れ、病理の分野で研究者になる傾向が強いという。

のちに形成外科に行くことになるのは、頭脳明晰なうえ、小説好きの耕治には天職だったからかもしれない。

群馬大学医学部へ

大阪での三年、自宅を合わせれば四年の浪人生活が経過していた。第一志望の京都大学医学部へはどうしても届かず、断念した。昭和五一年（一九七六）、群馬大学医学部に進学する。

二二歳であった。以後、卒業まで六年間、群馬の地で過ごすことになる。それはまた彼の極貧時代でもあった。

奨学金で通い、月々の親からの仕送りの数万は家賃と光熱費に消えた。家庭教師のバイトで糊口をしのいだが、たまには兄からも援助してもらった。親から送られてきた現金書留の封筒は、最初の分からずっと死ぬまで大切に保管してあったという。とくに苦学時代は壁に貼って勉強していたそうだ。

お金の貸し借りを細かくメモしたノートもある。同級生の友達にも貸すことがあった。その友人の名前の横に「これは（返済は）期待できない」と書いてあり、この友人は仲間うちでも有名な借りっ放し男だったようだ。

この友人については——実は彼も大阪で浪人生活をし耕治と仲良くしていたのだが——他にもエピソードがある。彼と耕治は容姿が似ていた。大学受験はその友人の代わりに耕治が試験を受けに行ってあげて見事合格したという。のちに耕治が美容外科で成功し始めた頃に、その彼からお金を貸してくれと言われた。数百万である。理由も聞かず一度は貸した。その後、返済もないままさらに数百万の無心があり、今度は理由を聞いたが教えてくれない。耕治は「人からお金を借りるのに何に使うかは言うべきだろう！」と断り、その場で縁も切ったという。初めの数百万の返済も催促せず、手切れ金とした。昔からの友達であれ、人の道に反したことをする者に対しては許せないのだった。

大学に残る気もなく、卒後はとりあえず早く手に職をつけようと、都内の病院の脳外科に入局しましたが、別に脳外が好きだったわけではなく、研修医試験を受ける六年生の秋に、外科全体がまだ勉強できてなくて何とか脳外科までは終えていたのと、脳外の手術は椅子に座ってちんたらやってられるのが楽そうでいいというわけなんだからダメですよね。

（中略）それに将来、顔を手術するとき頭（脳）のこともわかってると都合がいいだろうと考え、脳外を選んだというわけなんですが、ホントは研修医試験のとき外科（消化器系）の勉強がまだ手についてなかったというのが本音です。将来、形成外科に進むかどうかもまだ半信半疑でした。

それより何とか卒業して国試に受かることの方が先決で、ゆったり将来のことを夢見る余裕などありませんでした。今でも長い苦行の卒試の辛さを夢に見ます。

耕治のブログにはそう記述されているが、実際のところは家族のための決断だった。延岡の実家のことではなく、耕治自身の新たな家庭のことである。

大学五年（医学部は六年制）の年に学生結婚し、六年の時には長男も生まれていた。家族三人で暮らす部屋は、窓のガタガタ鳴る風通しのよい木造平屋の一軒家だった。手先の器用な耕治が木材などを加工すると、それは窓や壁の隙間に見事ぴったりとはまり、隙間風はなくなったという。

卒業式には母が、はるばる宮崎から群馬まで駆けつけ、自分の新しい家族と一緒に出席してくれた。

少年の頃、自分のせいで母が学校に呼び出され、迷惑かけっぱなしだった。母と喧嘩をしては泣かせてばかりいた。しかしこの日は反対だった。母が自分のために、よろこびの涙を浮かべるのは初めてのことかもしれない。ようやく親孝行できそうだと耕治は思うのだった。

公美子回想　1

「耕治」という名前はお義父さまが尊敬する大好きだった人と同じ名前にしたと聞いています。和田という苗字についても「田んぼを耕して治めるという意味で最高じゃろ」と言っていました。高校時代の耕治さんの話はよくお義母さまから聞いていました。「くみちゃん、私は耕治をずっと信じていたわ。みんな一時、耕治は怒りだしたら大変で手に負えないと腫れものを触るように扱っていたけれど、私はなんもこわくなかった。なんでこわいもんがあると？　私が産んだ子よ！」と。母は強しと思いました。良妻賢母を絵に描いたような人でした。

わたしは群馬大学の第一内科の研究室で技術補佐員として働いていた時に、学生だった耕治さんと知り合い結婚しました。技術補佐員といっても、先生の研究のお手伝いもさることながら、主にお茶くみや、雑用、頼まれた文献のコピーなどをしていました。その時いつも時間を同じくして、向かいでコピーしていたのが耕治さんでした。のちにわかったのですが、彼は高い医学書を買えずにコピーしていたそうです。

学生結婚

子供ができたのを機にわたしは仕事をやめて結婚しましたが、わたしのお腹がまだ目立たない時に耕治さんのご両親、そして関東にいた一番上のお義姉さま夫妻が深町家を訪れて、両家で結納をきちんと交わしました。やはりありがたかったですね。

そんな学生結婚でしたから、お金がないのは当然で周りに支えられながら、何とか生活してこれました。わたしの両親にも感謝の気持ちでいっぱいです。そんな中で耕治さんは国家試験を控え、奨学金や家庭教師のアルバイトを何件か掛け持ちして得た収入で、頑張ってわたしたちを食べさせてくれていました。

本当は勉強一筋でいきたかったはずです。今こうして年を重ねてみて当時を振り返ってみると、本当に偉い人だったと思えるのです。国家試験のための勉強の邪魔をしてはいけないと、わたしと息子はしばらく離れて実家で暮らしました。

初めての延岡

わたしが初めて耕治さんの故郷延岡を訪ねた時のことを決して忘れることはできません。まだ長男は一歳にも満たない乳飲み子でした。

飛行機ではお金がなくて到底いくことはできず、フェリーにゆられていったことがあります。雑魚寝というんですか？　ギュウギュウに詰め込まれたその客室は凄い場所で、耕治さんは自分の場所を長男のために譲り、待合室みたいなところで寝てくれました。

長男も泣いてぐずることはなく、すやすやと眠り、朝まで大丈夫でした。起きた時には宮崎の日向港に着いていました。耕治さんはわたしに「こんな思いは二度とさせないから」と言いました。ここでもまたお金のない屈辱を味わったのかもしれません。そう言いつつも次は電車だったような気がします。飛行機は三回目からだったかもしれません。その後には耕治さんが行かなくても子供たちとわたしで行ったり、子供たち二人だけで行かせたりしていました。

お義母さまとは本当に気が合いました。お洒落でやさしくてお料理も上手で、とにかく色々なことを教えてくれました。

なかでもお義母さまの教えてくれた「ごじる」は耕治さんの大好物でした。栄養源であったことは間違いありません。大豆を一晩お水でふやかしジューサーで砕きお味噌汁にするのです。出汁は、いりこだしです。

今でも忘れずに教えを守っていることがたくさんあります。

第2章 外科から形成外科、美容外科へ

逓信《ていしん》病院時代

大学卒業後に勤務することになった東京の逓信病院脳外科は、市ヶ谷という都内一等地でありながら、郵政省の寮に格安で入居できるという好条件だった。耕治は妻と息子を養うため即決し、家族とともに東京へ向かった。

しかし逓信病院での毎日は、あまりに暇すぎた。いくら家族のための安定した職場だとはいえ、まだまだ駆け出しだというのに、変に安住してしまっては医者として経験と技術が身につかないのではないかと耕治は危惧した。家族の生活を考えるならば、このままでもゆとりのあ

る医者人生を送っていけることだったろう。

だが、耕治には全く物足りないのだった。熱意をそそぐ何かを欲していた。

一方、はす向かいの警察病院では、毎日ひっきりなしに救急車が出入りしていた。耕治はその光景を羨望の眼差しで眺めていた――毎日やりがいがあって楽しそうだなと。

病気には興味が薄かったものの形成外科には関心があったので、警察病院形成外科へと転科させてもらうこととなった。

耕治の形成外科への関心は、すでに大学時代にきっかけがあった。

臨床実習のある日、大学の耳鼻科外来で、上顎癌《じょうがくがん》の摘出手術を受けた術後の患者を見て、耕治は暗澹《あんたん》たる気分に陥った。その患者の顔は半分なかったのである。命は助かったとはいえ、今の状態もつらいだろうなと彼は感じた。しかし目の前では淡々と創部の消毒が行われているだけだった。耕治が卒業後に形成外科を目指したのは、このとき受けた衝撃が理由だという。


先生がチョチョと消毒してハイおわり。ええっ？　これでホントにおわり？　あと何もないの？　これが医療てもんなの？　この人、顔半分ないままですかぁ？　これが私の正直な感想でした。

「命には関係なくても人間である以上大事なもんがあるだろう。外見の顔とか形とかも大事だろ？　医療てのはそんなのはどうでもいいのか？」と思っていたら形成外科というのがあるらしい。ほう、さすが医療だ、分野が広い！　というのが私の最初の形成外科への関心でありました。

医者になった時から変

病気の治療に積極的な興味をあまり持てなかった耕治は、直接命には関係しない苦しみ、それも外見の苦痛を取り除く治療にこそ、自分に何かできることがあるのではないかと考え、形成外科に進んだのだった。

耕治は医師としての自分を「だいたい医者になった時から変」と述懐し、もともと病気にさえ興味がなかったとまで書いている。

あまり学校にも行かず、勉強もしなかったせいか、ずっと自分が病気を治す側（医者）ではなく、治される側（患者）の視点で医療を見てきたように思います。

治される側（患者）の視点とは、たとえば小児科の実習では、耕治はある種の脳性麻痺の患者と気管支嚢胞《きかんしのうほう》の患者を受け持ったことがあったのだが、まず大学病院のカルテの検査の多さ、特にX線画像系の写真の量と重さに驚かされ、小さな子供によくこれだけ放射線被曝させるなと呆れたものだという。

これだけ検査されたらトラウマになるわ、どうせ検査じゃ治らんのにとか、どうせ手術せにゃ治らんのにとか、最初から研究系の医師になるには全く不向きなタチで、病気の治療に医者的な関心をもてませんでした。ですから形成外科へと流れていく素質がもともとあったわけなんですが。

警察病院形成外科とその枝葉

晴れて警察病院形成外科へと入局した耕治に、手術三昧の日々が待っていた。むろん、望んだことであった。

この頃の警察病院には、とりわけ優れた若手の三人の先生がいたという。耕治はその手術の手際の良さにはいつも敬服していた。その三人にはよく面倒を見てもらったのだが、なかでも長く近しい付き合いとなるのが、当時医局長のS先生だった。

その後、警察病院を去ったあとも何かあるたびに相談させてもらい、耕治にとって腹を割って話せる数少ない先輩医師の一人だった。

警察病院は日本の形成外科のパイオニアで大昔は各地の大学教授や大病院の部長を送り出していたのですが、私がいた頃はもう各地の大学に形成外科ができあがり、関連病院もほとんどなくなり、長く居ても行き先がない状態でした。それで次々と優秀な先生たちがやめて美容外科に流れ始めたのかと思います。先代の清一先生〈日本の形成外科の創始者と言われる大森清一院長〉から喜太郎先生〈大森院長のご子息〉になってさらに美容外科に傾斜してましたから（中略）こきつかわれるなら開業しようとか、他の美容外科に移ろうと考えるようになったのかはわかりません。

毎日が怪我人のデパートのように多様な外科手術の連続で多忙。しかしながら、尊敬できる先輩の存在もあり、耕治はやりがいを見出していた。しかし彼はこの警察病院も三年半ほどで去ることになる。形成外科のあり方自体に疑問を持ち始めていたのだった。

実際に形成外科それも日本一（？）と言われた警察病院の形成外科に入局してみると、患者の側からしか物が見えない欠点（？）がまた出てしまって……ええっ？　形成外科ってこんなもんなの？　なんか違くない？　こんなんでいいの？　と、現実の厳しさに色んな意味で打ちひしがれ、もういいや、しょうがないから美容外科でもやるかと〝転落〟していったわけです。

しかし言い換えれば、こういう気持ちがあったからこそ、病院が機能すればいいというだけでなく、見た目の綺麗さ、美への探究心があったからこそ、のちにニューハーフたちから神様と慕われる技術の持ち主となったのではないだろうか。

治癒感覚の落差

「形成外科」に対する患者さんの期待は大きいのです。大きすぎるくらいです。治療される側の視点で見るとそれが痛いほどよくわかります。

患者側の視点で見てしまうくせのついていた耕治にとって、より形にこだわる美容外科への転身は自然な成り行きだった。しかし治療する側とされる側の、治癒感覚の落差には最後まで大いに悩むことになる。

治療する側としては限界があるという現実の中でしか治療はできません。医者から見れば「確かに」良くなっていても患者から見れば、それなりにというか、それほどにはというか、この治癒感覚の落差を強引に無視するだけの心の強さがないと形成外科医はやっていけません。もちろん治るものは見事に治ります。しかし治し難いものはそれなりです。とくに先天奇形はどれも難しい。お世話になった警察病院の悪口じゃありません。限界のあることにも苦痛を感じていたら医者なんかやれないのです。医師失格の思いで、私は形成外科を去ったのです。

短期間ではあったが警察病院では、耕治は形成外科の基本技術をたっぷりと学ぶことができた。当時の警察病院は（先代の院長の頃は）、手術の適応基準が無茶苦茶だったそうで、三年いれば大学の一〇年以上に値すると言われたくらい、相当な手術の量だった。

おかげで耕治は、何を見ても怖じ気づかない度胸と根性が身についた。また、やたら数ばかりこなす麻酔の研修は勉強になるところが多く、短い間ではあったが、全身麻酔がいかに怖いものであるかという貴重な体験をさせてもらうことが幾度となくあった。

そのため、常に麻酔は慎重にやるという良いくせがついたのだという。

全身麻酔の怖さ

基本的に全麻は安全なものですが、麻酔の本当の怖さは麻酔中は何が起こるかわからないというものです。研修中、私の担当ではありませんでしたが、筋弛緩で心停止を起こしたケースも見ましたし、自分のケースでは挿管チューブに血が噴出するという異常な事態も経験しました。プリングル病（多発性硬化症）の稀な合併症で、世界でも数例報告という気管血管腫をもった患者さんで（もちろん後でわかった）、皮膚腫瘍に炭酸ガスレーザー照射をするために全身麻酔をかけようと気管内挿管したら、血管腫を刺激して大出血したのです。その時はもう何が何だかわからないくらいびっくりです。

有り得ないようなことが起こるから怖い、これが麻酔の私の教訓で、おかげでこれまで一度も麻酔の事故は起こさないでこれました。こうした警察病院の経験は美容外科に行っても大いに役に立ちました。

のちに「麻酔の専門医より和田先生のほうが上手」とニューハーフたちの間で言われるようになったのは、この時の教訓をずっと忘れなかったからだろう。

美容外科医へ転身

医師失格の思いで形成外科を去った耕治は、一九八六年六月、東京のO美容形成外科に入職、本格的に美容外科医としてのキャリアが始まる。のちに有名な話となるが、相撲力士Mの頭のてっぺんにシリコンを入れた手術にも耕治は関わった。

私が常勤していた東京のクリニックは大手でしたが当時はチェーン店ではなく、（中略）私がいた大半の期間は比較的自由に仕事がやれたのです。

初めこそはのびのびと羽を伸ばし、耕治は幅広い仕事をこなしていたが、何年かいればだんだんと幹部になり、責任も重くなってくる。また、手術も自分に割り当てられた専門分野が中心になり、しだいに自分がやりたい他の美容手術に関わりにくくなっていくのだった。

私がいたクリニックでは男性の包茎手術に始まり、二重の埋没法や部分切開、鼻のプロテーゼ手術などに進むと、その先はだんだん自分が主に担当する分野が決まってきました。そのため私は何でもこなしていけるように、週に一～二度は他院でパート医として働いていました。（中略）すでに中堅幹部になって責任も重くなり、自由に仕事がやりにくくなっていた私はもっと自分の裁量で、手術をこなしていける仕事場を探していました。

そんなおり、耕治が常勤していたO美容形成外科では、大阪に分院を出そうかという話が浮上する。耕治は分院長候補にも名乗り出た。しかし同時に本院の有床化大規模移転計画も進行中であり、院長は意外に慎重で分院計画は先延ばしになってしまう。

また本院では、顎の骨切り関係の手術は少し前から美容歯科部門が担当になっていたこともあり、分院なら骨切りもやっていけると思い希望したのだが、大阪分院の顎の骨切り関係の手術もまた、本院の美容歯科部門の担当ということに決まってしまった。

こうなると、たとえ分院ができ、院長になっても、あまり自分の考えで仕事ができるものではない。このままでは一つに特化した技術は身につけられるが、視野の狭い美容外科医になってしまいそうで、知識に貪欲な耕治には物足りないのだった。

これまで以上に美容外科を幅広くやっていくには、どこか働きやすい所で雇われ院長にでもなって、一人でやるしかないと考え始めていた。

公美子回想 2

耕治さんは群馬大学を卒業後、わたしとまだ一歳未満だった長男のために大学の医局には残らずに、宿舎もある東京の市ヶ谷にある逓信病院に就職してくれたのです。

そうするしかなかったのです。

大学に残る先生方は名誉と引き換えにといっては語弊があるかもしれませんが、当時は本当に給料が安かったのです。

逓信病院は市ヶ谷の遊歩道沿いにあり、わたしたちが最初に住んだ郵政宿舎もその並びにありました。よくその遊歩道を長男を乳母車に乗せて親子で散歩しました。

遊歩道の行き止まりには公園があり、彼は長男を滑り台で遊ばせてくれていました。

外堀を挟んで見えるビルの隙間の美しい夕日を、今でも忘れることはできません。

市ヶ谷に引っ越した時はまだお金もなく、当初は古い宿舎の薄汚れた壁をペンキで綺麗にしようということになり、白く塗ったのでしたが、塗り終えたその日に上の階から水漏れが起き、ペンキははげ落ちてしまい、悲しいというより、滑稽でお互い笑い合ったのを思い出します。ペンキ道具さえ当時のわたしたちからしたらとても高かったのですから。

でも新しい出発にワクワクしていました。

警察病院時代は大森に住みました。この頃次男が誕生しました。わたしは生まれつき額にあった小さな赤あざを、警察病院の当時では最新式のレーザーで、耕治さんに綺麗に取ってもらったことがあります。次男は氷をのどに詰まらせた時がありましたが、耕治さんの適切な処置で助かりました。

第3章　大阪へ

雇われ院長

ちょうどそこに、大阪で美容外科をやらないかという話がきたのである。週一〜二度、アルバイト勤務医として働いていた他院の関係筋からの話だった。

雇われですから色々と制約はあるのはわかっていましたが、バイト先の関係筋の経営であり、仕事のしやすさについてはわかっていたので、いずれ自分が本格的に開業するときの良い経験にもなると考え、すぐに引き受けました。その頃の私はもっと自由に美容外科の手術ができるならどこにでも行こうと考えていて、給与や待遇はどうでも良かったのです。

常勤先の院長のちょっとした嫌がらせを受けてもいたので、ちょうど去りどきでもあった。妻と二人の息子を東京に残し、耕治は単身、大阪へ発った。

一九九二年四月、大阪の難波に「Sメディカル・和田美容外科」が開院、雇われではあるが、自分の名を看板に掲げたクリニックの院長となった。

東京での麻酔科研修を含む形成外科と美容外科を併せて、すでに一〇年ほどの経験を積んでいた。

こうして、たまたま大阪で仕事をすることになったことが、のちに自分の運命を大きく変えることになるとは、当時の彼は夢にも思わなかった。

初めのひと月くらいはまだ住む所も決まらず、耕治はクリニックに寝泊まりしていた。やがて勤務先の近くに部屋を借り、一人暮らしに慣れると、時折は夜のミナミの繁華街を出歩くようになった。浪人の最後の年から数えても約一五年ぶりである。なつかしくもあり、より派手に様変わりした夜の街並みは物珍しくもあった。

運命の出会い

そんなある時、ミナミの周防町《すおうまち》筋のビルの二階にあるブタの看板のお店が目にとまり、不思議と気になって入りました。冗談酒場（パブ）と書いてるだけで、何の店だかわかりません。何だかわからないが面白い所なのだろうと中に入ったら、そこは私が初めて見たニューハーフショーパブでした。この店との出会いが、のちに私の運命を大きく変えることになったのです。

大阪で院長となった耕治であったが、当時は単なる一人の美容外科医として職務をこなし、夜には飲みに出かける普通の男であり、ニューハーフショーパブに通い始めたのも、ただの気晴らしや楽しみとしてだけだった。

東京ではそのような店に行ったことはなかった。仕事でも耕治はまだ、ニューハーフの患者は受け持ったことがなく、周囲からもあの人たちはうるさいから関わらない方がいいと言われていた。

昭和四五年頃に東京では赤坂にプチシャトー（のちに西麻布へ移転）、大阪ではエルドマンなどの豪華なショークラブができはじめたと思いますが、しだいにそういう店が増え、大衆化し、ショーハウス全盛時代になり、私が大阪に行った頃はそんなニューハーフ大人気ブームもやや峠を越えた頃だと思いますが、まだまだ店内は賑やかでお客さんも多く活気があり、またニューハーフがどんな人達なのかよくわからないせいもあって、何か神秘的な気配さえ感じ、面白くて、ただ単純に客として月に一度くらいクリニックのスタッフらと遊びに行ってました。自分の仕事に結びつくとかあまり考えてませんでした。

実際にニューハーフたちが、耕治の所に美容外科の手術を受けに来るようになるのは、二年あまりも経ってからだ。

初めての除睾《じょこう》手術

先生はよく「君が僕の人生の始まりだよ。君に引っ張られたようなもんやわ」と冗談っぽく言ってました。

（ニューハーフAさん『週刊文春』二〇〇九年六月四日号）

それまで性転換など自分には関係ない分野だと思ってました。〔冗談酒場とは〕別のある店で、まだ若くてかわいいニューハーフ（この子の完全性転換手術を四年後にすることになるのですが……）に「先生、キンタマ取ってよ」と言われても、「いゃーやったことないし、できないな〜」と、今から一四年前の私は苦笑するだけでした。

きっかけは、大阪に来て半年ほど経った頃のこと、冗談酒場で大人気だったニューハーフAさんとの出会いだった。このことが耕治の美容外科医としての運命を大きく変えてゆく。このAさんは、のちに耕治の性転換手術の第一号となるのだが、ニューハーフへの整形手術もAさんが最初だった。

その店で耕治は初めてAさんと出会い、その可愛らしさに驚愕したという。

私は東京から知り合いの美容外科の先生が訪ねてきて、久しぶりに接待で出向いた時に初めて会い、あまりの可愛らしさに驚きました。たまたま私の席に来て、整形の話になり、私のクリニックでモニターとして顔の輪郭の手術をするということになりました。

手術は顔の片方の腫れが少し長引いたものの結果は良好だった。しかしモニターで肝心の術前写真を撮り忘れてしまい、結局宣伝用モニターにはならなかった。

これが耕治のニューハーフに関わった初めての手術体験である。まだこの時は、通常の整形手術をしたにすぎなかった。

しかしこれを機に、ニューハーフのAさんと耕治は信頼関係を深めていく。

それからも何度か「タマとってよ〜」と言われても酒の席でもあるし、笑ってかわしていたのだが、やがて「何とか除睾手術をしてほしい」と真面目にお願いされるようになる。

元来、耕治は一人の医師として、悩める人があれば、法うんぬんの前に人の道に反しない限り、助けたい性分である。Aさんの切実な思いにも心を動かされていった。

一九九三年の春のことだ。

偉大な先人

それまで、ひそかに除睾手術をしている有名な医者はいたのだが、何かの事情で慎重になっていたらしく、一時的にその類の手術は受け付けなくなっていた。関西のニューハーフたちは困っていた。そこで耕治に白羽の矢がたったのである。

当時、京都の有名なK先生も何かの事情があって、除睾手術を今してくれないとか、またニューハーフ界で有名だった徳島のB先生もいなくなり頼めなくなったとか色々と話を聞く中で、日本ではK先生やB先生が勇気をもって親切にニューハーフ達の性転換手術に関わっていたのだなとわかり、本当に偉いなと感じました。

私は美容外科にまともな医者はほとんどいないと思っていたので、K先生やB先生のお金儲けではなく、しっかりと医療として性転換に携わっている姿勢に尊敬の念をもちました。日本では昭和四四年のブルーボーイ除睾手術事件で、医師が優生保護法違反で処罰されてから性転換手術はタブーになっていたのです。

この京都のK先生については、耕治は常々意識し、尊敬していたようだ。ブログでK先生について何度か触れているが、そのたびに感謝の気持ちを記している。

結果的に私は平成八年〔一九九六〕に大阪で開業することになりましたが、それまで関西の大半のニューハーフの整形手術や除睾術をしていたK先生の縄張りを荒らすようなことになり、嫌われてしまうのではと少し心配していたのですが、私の噂もK先生の耳に入りますから、私がK先生と似たようなスタンスで、結構まじめに良心的にやっているのを評価してくれたのか、全く摩擦は生じず、むしろ早い段階で協力的な関係を築くことができました。ですから本当に立派な先生だとずっと尊敬しています。なのに、もう一〇年が経つのにK先生とはいつも電話でお話しさせていただくだけで、まだ一度も実際に会ったことがありません。

私の平成一四年〔二〇〇二〕の性転換死亡事故の件でもたいそう心配してくれ、アドバイスもいただきました。いつもご挨拶に出向こうと私のロッカーにはちゃんとお酒が用意されているんですが、残念ながら忙しくて今まで実現していません。

ニューハーフの整形、性転換治療で、私が大阪で順調に伸びていけたのは、良い意味で人格者のK先生が先達者として居たからだと痛感しています。

正当な医療であると確信

一度決心すると耕治は行動が早い。すぐに除睾術について勉強し始めた。

手術自体はそれほど難しくないとはいえ、どんなことが問題になるのか色々と調べ、手ぬかりないよう綿密に進めていった。

手術書だけでなくブルーボーイ事件の裁判記録や六〇年代にさかんに性転換手術をやっていたペンシルベニア大学のハリー・ベンジャミンの性転換症の文献なども読んで勉強し、これは正当な医療であると確信し引き受けました。

様々な記録や文献に触れるうちに、過去に性転換手術に携わった医師たちの想いが、耕治の信念とも共振し、彼は熱いものを感じたのだろう。

しかし、日本では不幸なことに、性同一性障害に関する治療については長いあいだ無視されてきていた。耕治は患者を前にして、そのような日本の現状はやはり間違っていると思った。誰かが患者のために真剣に取り組まなければならないと考えたのだった。

医療は誰のためのものでしょうか？

極論を言えば、私は患者一人一人の苦しみからの救済、手助けのためにあるのであって、国や法律や宗教などは一切関係ないと思っています。たとえ違法だろうが、患者は苦しみから救われる権利を人として当然有しており、誰かに不当な迷惑をかけるわけでもない限り、医師は患者に救いの手を差し伸べるべきだと思います。

ナース全員ボイコット、そして絆

熱心に文献を読みあさり、慎重に手術の準備を進めようとしていた矢先、クリニックの閉院を余儀なくされる事態が起こる。

私は一年間、美容外科の雇われ院長としてやってきましたが、（中略）経営が急に厳しくなり、まだ十分利益をあげていなかった美容クリニックは近く閉鎖される予定になっていたため、早く約束した手術をやらなければなりませんでした。

ところが、さらに悪いことに、ナース全員にボイコットされてしまう。「違法なことには関わりたくない」と反対され、誰も手伝ってくれない事態になったのである。

その当時の心境をナースが供述した記録がある。

Sメディカルの時に、一度、そんな手術をするから手伝ってとスタッフに相談してきて、その時いちばん看護実績を持っているいわばエリートナースに「看護免許がなくなるし、和田先生は経営者じゃないから手術はボイコットしよう」と言われ、私も、一応、必死でとった准看免許で、Sメディカルに入るまでホステスし親にも迷惑をかけていたので、自分の保身のため、エリートナースと共に全員でボイコットしてしまいました。

（事情聴取でのナースの供述より）

何しろ耕治自身、除睾手術は初めてのことだ。何分かかるか勝手がわからない。その手術は静脈麻酔併用の局所麻酔で対応することにしていたのだが、点滴、モニター、側管注から全部一人でやるはめになってしまった。

しかし介助もないながら、汗だくで必死の思いで手術を何とかやり遂げることができた。その後経験を積んでからは一五分くらいで済む手術となるのだが、その時は四〇分以上かかっていたという。

介助を拒否したナース達ですが、この中の二〜三人はその後私が完全性転換手術をやるようになってからは、患者さん達の真剣な手術に対する気持ちを理解して手伝ってくれるようになり、今も私のクリニックで働いてくれています。今はカウンセリングから何から、超ベテランになっています。

ここで、「患者さん達の」とあるが、むしろナースたちは耕治の患者を思う気持ちや、医療についての信念に感服し、改めて医師として尊敬し、この人についていこうと決意したのだろう。先ほどのナースの供述にも、そういった気持ちが見られる。

（ボイコットしてしまったことは）医療の本質をみぬいていた先生と違っていたし、実際、その後に和田クリが出来た時には、Sメディカルの時、一番反対していたそのエリートナースも手伝う事になっていたので、先生のまわりは、皆、先生の考えに賛同し、立派なお医者さんだと考えていました。（同前）

先生は「自分が生きている限り一生自分の責任をもってアフターフォローをするというポリシーがあるし、一般的に美容外科は絶対、手術もシミも脱毛まで承諾書を書かせるが、うちの方針は、自分の手術に自信があるし、患者との信頼関係が出来た上での手術だから、基本的には九八％ぐらい承諾書を書かせない」と言っていました。

私は、脱毛でも承諾書をとる一般の美外の経験があったので承諾書をとらないのを当初びっくりしたし、院長にも書いてもらう方がいいのでは……と何度か言いましたが、先生の方針を聞き、ますますびっくりし、スゴイ医者だなと思いました。患者さんから神様と言われる事にあたいする人だと思いました。（同前）

激務のアルバイト生活へ

難波「Sメディカル・和田美容外科」が閉鎖となったのは、開院からわずか一年あまりの一九九三年六月のことだった。

雇われ院長だった耕治には、数ヶ月間給与も支払われていなかった。怒り心頭だったに違いないが、せめて給与代わりということだろうか、彼は顔面骨切りの機械一式を持ち出し、経過観察中の患者のために連絡先を書いた紙を入り口のドアに貼り、出ていった。

耕治は、東京に残してきた妻と二人の息子のことを思い、東京で再起を図ろうかという考えもよぎった。しかし彼は、一年とはいえ、それまでに手術をしてきた患者たちには責任を感じていた。ひとまず大阪で週二日くらいのアルバイト先を見つけることにした。

知人に相談し、まずは梅田で皮膚科と美容形成をやっていたSクリニックでお世話になることとなる。この知人は、東京警察病院時代の同僚で今や大阪大学形成外科医局長となっており、顔が広かった。

閉院したSメディカルのドアの貼り紙には、検診を希望するひとはSクリニックに電話するようにと追記した。

ほかには、名古屋のAクリニックが新設した渋谷分院で一年間、週三パートの雇われ院長を務めた。

当時急激に大きくなっていたC美容外科でも働かせてもらった。C先生は耕治がO美容形成外科にいた初めの頃、包茎手術班のアルバイトをしていて少し顔見知りだったという。

あとは、K美容外科の大阪、福岡、高松分院などで働いたり、新宿で開業した韓国人専門のYクリニックでも仕事を週一で引き受けていた。

とにかく毎日あちこちで休みなく働いていて、いつも朝、目を覚ますと自分がどこにいるのかわからない生活だった。

硬膜外麻酔の経験

このアルバイトの嵐の経験の中で、のちに性転換手術をやっていくことになる耕治の役に立ったのが、硬膜外麻酔の経験だったという。

C美容外科とK美容外科は硬膜外麻酔を頻繁に行っていた。O美容形成外科時代には経験していなかった耕治はこの頃からすべての仕事場で、豊胸手術と脂肪吸引に硬膜外麻酔を行うようになり、おかげで耕治の麻酔技術は著しく上達する。MTF-SRS（男性から女性への性転換手術）やFTM（女性から男性）の乳腺切除手術はすべて硬膜外麻酔で行われるため、この時の経験が実に役立つことになった。

ところが、本当のところはほとんど教わっておらず、自分なりに練習し覚えた成果だと耕治はブログに書いている。

C先生が「あの先生は僕が教えたんだよ～」なんてことを飲み屋で、吹聴してるみたいな噂を聞いたことがありますが、確かに硬膜外麻酔の経験はC美容外科で、たくさん積みました。感謝してます。でもほとんど教わってませんよ。C美容外科で硬麻のやり方を見て、ほかのクリニックで安全度の高い症例で練習し覚えて、C美容外科でやり始めたのです。手術については何にも教わってませんが（笑）。

ただO美容形成外科と全く違い、当時のC美容外科は豊胸は巨乳傾向で、脂肪吸引も大量吸引でしたので、やはり参考にはなりましたね。

公美子回想 3

この頃は川崎市の新百合ヶ丘へ引っ越しました。思えば大学時代の家賃二万円のトタン屋根でガタガタの一戸建てから、プール付きの豪華新築マンションへの環境の変わりようです。賃貸でしたが、二四時間体制のセキュリティが万全なところに決めてくれました。その時の保証人は警察病院からお世話になっていたS先生が心よく引き受けてくださいました。

耕治さんは九州出身でしたが、スキーは唯一楽しいと夢中になったスポーツだったのではないでしょうか。家族で北海道までサラサラの雪を求めて滑りに行ったこともあります。スキー用具一式をわたしたちは買い与えられ、わたしはさほど上手にはなりませんでしたが、息子たちはあっという間に上達し、耕治さんをすぐに抜いてしまい苦笑するばかりでした。

わたしはこの頃、女性も何か手に職をつけたほうがいいと彼から鍼灸師の道を勧められたことがあります。群馬大学にいた頃、わたしの父がよく通っていた目が不自由な按摩師が鍼もしていて、その見事な施術に感動していた時の記憶が残っていたのかもしれません。わたしは彼に勧められても、興味はなかったのですが、偶然にもその後、NHKの番組で鍼の驚異の特集をみて本当に鍼灸師になりたくなり、学校に通わせてもらいました。鍼灸師になれたことを今ではとても感謝しています。

お義父さまは女性は家にいるべきだという考えでしたが、耕治さんはもし自分に女の子がいたら、むしろ男の子より教育熱心になると言っていたことがあります。その辺は考えが違っていたようです。女の子が生まれたらつける名前も決めていました。群馬は「繭」に縁があるので繭の里で「まゆ里」でした。

第4章　初めての性転換手術

相談

一年ほど経った頃。

相変わらず、毎日起きるとどこにいるかわからないような激務の多重アルバイト生活だったが、大阪に滞在したおり、ニューハーフのAさんから、完全に性転換手術をしたいと相談があった。

当時は、耕治はまだAさんの除睾《じょこう》手術を一人で執り行ったのみで、その他は一般的な美容整形を各勤務先でこなしていただけだった。

この一年、毎日多忙で疲れ果てていて、夜にショーパブに遊びに出かけることも全くなくなっていた。Aさんは耕治の消息を誰にも話さなかったようで、ニューハーフたちのあいだでは耕治は行方不明状態となっていた。

除睾術と違って、入院も要する大手術ですし、もちろん経験もなく、まともな手術書もありませんから、見よう見まねでもできるわけがありません。無理だと断りました。（中略）堂々とやったらいけないだけで、日本の先生なら他の難しい手術もできるのだから、頼みこめば何とかしてくれると思われたのでしょうが、そう簡単にはいきません。

実は当時、ごく一部の国内の大学の形成外科関係者らの手によって、性転換手術が実験的になされていたのは耕治も知っていた。京都のK先生が簡易式の性転換手術を手掛けているのも聞いていた。一九九四年当時の性転換希望者たちは、それまでの手術代の高いシンガポールから、安いタイ・バンコクのヤンヒー病院にようやくちらほらと移り始めていた。実はAさんの店のママも、大阪のある医大の形成外科の関係先で、少し前に性転換手術を受けていたのだという。

耕治は、Aさんが性転換手術を受けたいという気持ちは話を聞いてよく理解できた。何よりも美容形成の医師として手術に対する関心もある。やれるものなら何とかしてやりたいと思った。

Aさんは「患者の気持ちに真摯に向き合ってくれる先生」として、海外での治療ではなく、耕治の治療を求めていた。

ひとまず、少し時間をくれないかと返事をした——何とかできるように考えてみるから、と。

たしかに手術をするだけの基本技術は、耕治にはすでにあった。あとは詳細な手術方法についての文献と、手術・入院の可能な施設、それとできれば手術部位に関していくらか取り扱った経験のある医者が揃えば、初めてでも実際何とか手術はできるのではないか——。

それで、耕治はまず警察病院時代の上司であり、その後はO美容形成外科で医局長をしていたS先生に相談してみた。


私は警察病院出身と名乗るほど長くはいませんでしたが、私がいた頃の警察病院にいた先生達はたしかに色々な凄まじい手術をいつもやっていましたから、怖いもの知らずというか、面白そうなことなら何でも興味をもって挑戦する気合いと実力がありました。ですから相談すれば何とか協力してくれるのではないかと考えたのです。

性転換手術序章

警察病院のあとも一緒に働くことになったS先生は、先にも述べたように耕治にとって頼もしい存在であり、わからないことがあると的確にアドバイスをくれる大先輩だった。

何より手術が当時は大好きな人でしたから性転換の話をもっていけば、面白そうだと必ず乗り気になってくれると思いました。S先生は警察病院時代に女子の先天性無膣症《むちつしょう》の形成手術を一例、経験してましたし、また週一で、埼玉のある病院の形成外科外来の非常勤医をしていましたから、この施設を使うことができれば性転換手術もやれるのではないかと考えたのです。

性転換の手術ではないにしろ、すでに造膣《ぞうちつ》の経験のある人が身近にいたという点だけでも、相当心強かったことだろう。

この埼玉の病院は、T先生という、S先生の大学の同級生で週一でO美容形成外科にもアルバイトに来ていた医師が以前勤務していた病院だった。耕治ともO美容形成時代からの知り合いだった。その当時、耕治は父親の難治性の腹壁ヘルニアの治療をT先生に依頼し、その手術の際に自身も助手として参加したことから、よく知っていたのである。T先生はその後、別の分野で大成功を収めることになる。

T先生は後にピアストラブルの治療で全国的に有名になり、ピアス用具の会社と医院を経営し、さらに後にレーザー脱毛でも大成功され、メスからすっかり遠ざかり実業家医師に変身してしまいましたが、もとは実は癌研病院出身のバリバリの腹部外科医だったのです。

一方、私は最初の研修のスタートこそ外科でしたが、翌年警察病院の形成外科に移り、そこも三年半という中途半端なところで離脱し、その後一見小綺麗な美容外科の世界に流れていったわけなんですが、それがやがてMTFの性転換手術や骨切り主体の女性化顔面手術（FFS）、FTMの乳腺切除手術などやたら血を浴びる手術ばかりやるようになってしまうとは人生わからないものです。

参考にした術式

相談したS先生は、やはり乗り気になってくれたようで、すぐにも資料集めに時間を割いてくれるのだった。

S先生が学会誌からMTF‐SRS（男性から女性への性転換手術）の術式の文献をいくつか拾い出し、二人でどれがいいか検討した。

結局その中で、スウェーデンはカロリンスカ大学のDr.イアン・エルヅの術式を採用することにしたのである。その前年、一九九三年に発表された最新の術式でもあった。

耕治は、決めた理由をこう書いている。

陰嚢《いんのう》皮膚と、切り開いた陰茎皮膚を組み合わせ、造膣内に挿入移植し膣壁を内張りするという造膣の手法が、タイなどで広く行われている陰茎皮膚を主に用いる陰茎皮弁反転法より、一般に陰茎の短い東洋人には向いているということ、また亀頭の一部を神経・血管付島状皮弁移植でクリトリスにする、当時としては画期的な陰核形成法が気に入ったからです。

この陰核形成法は陰茎皮弁反転法のような他の造膣方法でも後に採用され、今では世界中で行われています。ただ陰茎白膜を伴った神経血管束が長く太く置き場に困るため、具体的な移植法はドクターにより色々なやり方があるようです。

耕治も初めの頃と比べると、晩年には全く違った進化を遂げている。そもそも見た目で重要となる、外陰部の形成法については原法の文献に詳しく書かれていなかった。しかし、実際にやってみれば何とかできるだろうと判断し、手術の実施に踏み切ったのだった。

初めての性転換手術

時間がどれだけかかるかわからないので麻酔は全麻と硬膜外麻酔を併用することにし、執刀医はS先生、麻酔管理と助手は私が担当しました。一九九四年＝平成六年の初夏の頃であったと思いますが、詳しいことはもうほとんど覚えていません。

造膣の剝離のとき、直腸裂傷を避けるため何度も肛門側から指を入れて確認しながら操作を進め、何とか一一㎝強の深さを確保し、この中に陰囊陰茎皮弁を押し込み、戻らないようコンドームで包んだガーゼをパックし、新しい尿道口と亀頭で作ったクリトリスを表面に出して予定位置に縫着し、最後に大・小陰唇を形成しましたが、膣前庭部分が厚めになり、股を閉じたとき陰裂の間に少しはみ出る感じになりました。ただ初めてとしては何とかうまくできたように思われました。

問題があれば経過を見て、また修正していけばいいと考え、その責任は耕治が負うことになった。執刀医こそS先生であったが、協力依頼したのは耕治であり、Aさんはそもそも耕治の患者であったから、自らそう願い出た。

Aさんは一週間近くで無事退院した。

実際に術後一年半の間に、二～三回の追加の修正手術を大阪で行う中で、より自然に見えるように改善していくことができたという。

性転換手術では術後の管理が手術の出来あがりに非常に重要であることがわかり、解決を要する問題がまだたくさん残ってることに気づかされました。

第5章　新しい動き

手作りシリコンプレート

しだいにSRS（性転換手術）の研究に熱心になっていく耕治であったが、しかしまだ表向きは一般的な美容形成外科の勤務医でしかない。全国の勤務先で通常の美容整形をこなす中で、彼はその技術も向上させてゆく。

そういった現場では、当然ながら女性の顔をより美しくするための手術が主体になる。むろん、ニューハーフの人たちにも施してはいたが、女性客が主である職場の都合上、その延長でこなすぐらいの気持ちでしかなかった。

一九九四年にAさんの性転換手術をしてから、耕治は冗談酒場にまた時折顔を出すようになった。

当時、彼が定宿にしていたのは、梅田のビジネスホテルだった。その年の秋、以前冗談酒場に在籍していたNさんが今は梅田のJ&Bという店にいると聞き、ある日そのJ&Bに出向くことにしたのである。

Nさんに会うのは、およそ一年半ぶりだった。Nさんは耕治に会うなり「ちょうどいいところに来た、先生にぜひ会わせたいコがいるのよ」と、その店のHさん（その後チーママになる）のことをすごい整形マニアだと耕治に紹介したのだった。

冗談と思っていたら、確かに色々とやっており、おっぱいは良いデキでしたが、目鼻はちょっと引くくらいわざとらしさがあって、Hさんはなかなかうまくいかないのよ、どうしたらいいの？　と真剣に相談してきました。

耕治は色々と提案した。近日中に彼が週二〜三回勤務していた梅田のSクリニックに来てもらって、全顔のやり直し整形をすることになった。

決めたプランはまず経鼻挿管の全身麻酔で下顎の手術を済ませ、経口挿管に入れ替えて目の切開、鼻の骨切り、最後に額のプロテーゼ挿入というものだった。しかし当時、額のプロテーゼは日本の「高研」が作らなくなってから良い品が入手できない状況だった。それなら仕方ないと、耕治はシリコンプレートの原板から薄切りして手作りすることにしたのである。

血流を良くするためプレートにたくさん小孔を開けるのですが、思いのほか良くできたので記念に小孔で自分のイニシャルを刻んだのを覚えています。

ただ額のプロテは数年経つとやはり組織の血流の低下からプロテ上の皮膚筋肉が薄くなり、浮動しやすくなるので、Hさんの場合も五、六年後には抜去して、今は別の方法で額の丸みを作っています。鼻はその後も何回か修正しましたが、その時は一応全部うまく行き、すっかり顔が美しく変貌し、信頼を得ることができました。

さらば、ゴンゴン整形――ニューハーフへの思い入れ

それを機に、耕治のニューハーフの容姿へ向き合う姿勢も変わっていった。

そもそも美を、形のいいものを、追求する性分だった耕治が、ニューハーフたちの、いわゆ

るゴンゴン顔をもっと女らしく綺麗に作りあげていきたいと思い始めるのも自然の成り行きだった。

私はニューハーフ整形にありがちな、いわゆるゴンゴン顔（きつめの派手な女装顔）にはできるだけしないで、派手めだけどかわいくきれいで、すっぴんでも整って見える顔をめざします。ニューハーフの人は普段昼間は化粧しないですから、すっぴんでも自然にきれいに見えるようにしないといけないのです。（中略）ニューハーフの人も多くが、ドラッグクィーンのような超派手めなお化けみたいな化粧はしたがりません。きれいに女っぽく見られたいだけです。一方、一般のＧＩＤ〔性同一性障害〕の方は普通に地味なままで女性になりたがっている感じですね。

一般のＧＩＤの人たちと耕治が関わるのは、後年、自分のクリニックを開業してからであるが、ごく普通に女性として生きていきたいだけの人も多くいると知り、ＧＩＤ問題に真剣に取り組むきっかけとなったという。ＦＴＭ（女性から男性）の患者も同じく、夜の職業ではなく一般の男性として社会に溶けこみ、生活できればそれだけでいいという人がたくさんいるのだった。

口コミで次々と

こうしてHさんのいる店、J&Bのニューハーフたちが、次々と耕治を指名して美容整形のためにSクリニックに来るようになった。

この時の耕治はアルバイト勤務医である。いくら来ても彼の収入が増えるわけではない。しかし、一般の女性に施すのとは方向、内容、手技も大いに異なる美容整形をできるだけ極めたいと思った彼は、Sクリニックの事務長に相談する。結果、手術料金をニューハーフが頼みやすい金額に設定してもらうことができた。

ニューハーフを変な人としてしか扱わない医師が多いなか、先生は親身になって相談に乗ってくれる。そこが私たちにとって仏様なの」(手術を受けたニューハーフ)

こんな型破りな人柄から、その世界では〝赤ひげ先生〟と慕われた和田氏は、独自に研究を重ね、性転換の先進国・タイとは異なる手術法を開発している。

(『週刊文春』二〇〇九年六月四日号)

当然お客さんは増えた。その分比例して無理難題も増えることになる。一見無謀ともいえる果てしない美容整形のチャレンジ精神に応え、耕治もそれまでの自分の手術を大胆に進化させていった。それがさらに噂を呼ぶことになる。

オカマの口は光より速いというくらい私の噂が急速に広がり、今までの代わり映えしないか、逆にわざとらしいゴンゴン整形と一味違う新しい感覚の整形を求めて、次々と各地からニューハーフが集まってくるようになりました。(中略)

また東京と関西ではニューハーフの整形志向も違い、関西はより美しく派手めにという傾向が強く、整形してることも全く隠さずオープンでしたが、東京は意外に秘密主義な閉鎖的な傾向がありました。その意味で私のニューハーフ整形が大阪で始まり発展していったのは幸運でした。また京都のK先生の治療姿勢や手技も間接的に拝見する機会が多かったので、良い刺激を受けることができ、それも大変役立ったと思います。

第6章 開業へ

日本のＧＩＤ患者のために立ち上がる、安い費用で！

説明が丁寧だったし、術後のケアもこまめにやっていた。ついには「もっと安い料金で手術をしてあげたい」と、自ら開業してしまったほどの患者思いだったのです。
（手術を受けたニューハーフ、『週刊新潮』二〇〇二年四月一八日号）

耕治は、全国各地で様々な患者に接すれば接するほど、先進国であるはずの日本において、ＧＩＤ（性同一性障害）治療に関しては最も後進国ともいえる惨状に、不憫でならなくなっていた。

私は医療というものはまず第一に患者さんのためにあるべきであって、国や社会のためにあるのではないと考えています。たしかに医師免許は法律によって与えられるものですから、法を守ることは当然ですが、医療は何よりも患者さん自身のために存在すべきです。しかし日本では不幸なことに性同一性障害に関する治療については長い間無視されてきました。私は患者さんを前にしてそのような日本の現状はやはり間違っていると思いました。誰かが患者さんのために真剣に取り組まなければならないと考えました。

（記者とのメールより）

色々な課題があったが、まずは自分に求められ、できるようにしなければならないことは良質な手術を提供することだと耕治は考えた。治療の制度や仕組みができる前に、待ちきれずすぐにでも手術を受けたいと考え悩んでいる患者たちが、目の前にたくさんいたからである。そしてこの治療を金儲けの手段にしていると見られてはいけないと考え、できるだけ安い治療費で行うことを決めた。

耕治が性転換手術を始めた頃、当時のＭＴＦの患者たちは主にシンガポールやタイに行っていた。とくにタイは物価が安いため手術費用が安く八〇万円程度で受けられた。耕治は日本でもその程度の費用でできるように工夫を重ね、タイよりもさらに良質な手術とアフターケアを提供できるように努力し、すべての工程を九〇万円程度で引き受けることにしたのである。欧米先進国のMTF‐SRSの平均は一万五千〜三万ドルと言われていた。

費用削減する上で最も手っ取り早いのは、自院を開業することだったのだが、高給取りでもなく資金もない。しかしまもなく、否応なしにそうせざるをえない事態が起こる。

日本の性転換治療の夜明け

バイトで全国を飛びまわる一勤務医とはいえ業界内で人気も出てきて、耕治は激務でありながらもやりがいを感じる毎日を送っていた。そんな矢先、勤務先の都内のクリニックに性転換手術の受け入れを拒否されることになる。

一九九五年の秋だった。七月と九月に四例めと五例め（執刀医としては一、二例め）の性転換手術を、その都内のクリニックの施設でさせてもらったあと、「とても心苦しいことなんですが……」と院長から打ち明けられた――術後の管理が難しく不慣れで、ナース側が協力できないということだった。

耕治はすでに何人も次の予約患者を抱えていた。しかし他にすぐ受け入れてくれる施設のあてもない。まして表立ってできない手術だから尚更だった。無理を言える立場でもない。本当に困ってしまった。

するとそのクリニックの事務長が「もう、先生自身でクリニックを開業してやるしかないんじゃないですか」と言われました。

確かに法的リスクもある手術ですから、他人の施設に頼らず、自分で手術場所を確立してやるべきでしょう。しかし当時、毎日全国各地で美容外科の仕事をしていても、私はそれほど高い給料も得てなく、毎日手術さえしていれば満足という状況で、開業する資金など全く用意できてなかったのです。

ただ平成七年には普通の美容整形で、週三日行ってる大阪では、紹介と口コミによる私の指名客だけで毎月四〇〇万円くらいの売り上げ（料金が安かったので一般の美容外科クリニックの値段に換算すると七、八〇〇万くらいに相当する症例数）があったので、開業し、さらに性転換手術の収入も加えれば宣伝広告なしでも、十分やっていけるのではないかと考えました。

それで何とか五〇〇〇万円のお金を用意し、性転換手術で世話になった東京のクリニックから一〇〇〇万を借りて大阪で物件探しを始めた。

しかし耕治は毎日仕事で、物件を見てまわる時間などない。クリニックの事務長に開業準備の一切を依頼した。事務長には業界の知人も多く、率先して動いて尋ねまわってくれたようで、ことは順調に運んだ。まもなく物件の目星がついた。大阪市北区堂島にある雑居ビルの一室だった。

激務の開業

一九九五年末には、耕治が大阪で開業するという情報が広まっていた。

相変わらず耕治本人は全国を飛びまわっていたが、事務長の尽力もあり晴れて翌年一月、わだ形成クリニックが開院した。まだ器材も十分揃っていない環境ではあったが、すでに予約がいっぱいだった。

とはいえ、はじめはフルタイムの営業ではなかった。他院でのアルバイトも続けていたこともあり、口コミだけで毎日手術が入るほどのことは当分ないだろうと、自分のクリニックは週三日だけの診療にしていたのである。そのため診療日は、休憩もとれないほど予約で埋まってしまう状況だった。

夜中までの手術はざらで、朝方まで手術をしていたこともあった。ナースは昔からの知り合い全員に声をかけ、交代で手伝ってもらっていたのだが、疲労でバタバタ倒れる有様。その中には、初めての除睾《じょこう》術の時にボイコットしたナースたちもいたが、あれ以来、かたい絆で結ばれていた。今回の開業に際してもよろこんで名乗りをあげてくれ、身体をこわすほどの激務でありながらも、深い信頼関係のもと最後まで誰ひとり去ることはなかった。

まるで野戦病院みたいです。うちでは簡単な手術は少なく、みな大掛かりで長時間で、顔面骨切りだけでなく、豊胸、性転換手術も当時は硬麻・全麻併用でしたから、毎月の笑気ガス〔麻酔と併用して吸引するガス〕代金は二〇万円くらいかかる有様でした。おかげで借金はすぐに返済できました。

院内の設備器材はすべてリースにしたいと申し込んでいましたが、担保も保証人もない私なのにリース会社の部長さんは私の開業後の売り上げとカルテの一覧表を見て融資してくれました。今では信じられないことです。

これだけ盛況なのだから、自分のクリニックだけに専念することも考えたが、アルバイト先との約束もあり、それはまだしばらく無理な話だった。激務の二重生活は、一九九六年末まで続くことになる。

宣伝・広告をしないわけ

耕治は、開業から最後まで一度も宣伝・広告をしなかった。一円もかけたことはない。その理由は後年、不幸な事故で書類送検された際の、報道陣とのやり取りの記録に残されている。

宣伝広告をきっかけにするのではなく、当院の患者さんの繋がりから、同じ障害や問題をもつ人たちが縁あって私のもとを訪れる現在の受診形式を大事にし、維持したいからです。誤診や無関係の精神疾患や異常の人が入りこむことをできるだけ避け、本当にこの治療を受けたいと思っている患者さん達の治療環境を守るために、あまり世間に目立たない方がいいと考えたからでもあります。

（記者とのメールより）

耕治は、彼らの生き方や美容外科手術に対する真剣な姿勢に共感を覚え、少しでも彼らの役に立てれば、という思いがあって仕事をしてきた。また仕事上、彼らと深い関わりができ、結果的に彼らがわだ形成クリニックがうまくやっていけるよう協力してくれていることも大きかった。

紹介してもらっても、耕治は謝礼を払うわけではない。純粋に腕が良いと受け止めてくれた患者の評価に対し、ただ、裏切らないように、誠意をもって応えていくという、医者として当たり前のことをしているだけだった。

ニューハーフ界の革命的変動の始まり

今考えると本当に多くの人に助けられて、大阪開院で本格的スタートを切る日本の性転換治療が始まったのだと感慨深くなります。

今でこそ大阪では性転換ニューハーフは溢れていますが当時は各店に一人いるかいないかで、北新地の老舗のVというニューハーフクラブだけが何人もいるという状況で、性転換はまだかなり珍しかったのです。Vのニューハーフはそれまでほとんどが三〇〇万円以上かけてシンガポールで手術していました。

それに比べて、わだ形成クリニックでは九〇万円。ニューハーフ界で噂にならないはずはない。

私が執刀した二例めのコはこのVのニューハーフです。それでその店の他の未性転換のコが次は私の番と予約を入れたり、またシンガポール産の手術の修正を依頼されたりして、二、三年後にはVのほとんどのニューハーフが私の患者さんになってしまいました。また他の店でも次々と性転換が増え、全然珍しくなくなり、その変化が東京や全国各地でも始まりました。

ニューハーフ界のそういう革命的変動の始まりが、平成八年一月の当院の開業でした。

第7章 「和田式」の変遷

術後の膣穴《ちつあな》の維持

性転換手術を始めた初期の頃は、一例行うたびに新たな課題が次々と出てくるのだった。術式の改良だけでなく、術後ケアの方法も解決を要する問題が多いことに気づかされ、まだまだ発展途上の分野だなと耕治は実感する。

しかし逆に、未完成の治療法だったからこそ、元来物作りが好きで探究心旺盛な彼はますます興味を抱くことになり、のめり込んでいくのだった。

まずとくに大きな問題は、手術で作られた人工膣が術後に塞がらないように入れておくスティックをどのようにしたらいいかということだった。

たとえばタイでは一〇cm程度の太短いロウソクが術後の患者に渡され、一日に何回か入れておくよう指示されるのですが、硬いし耐久性もなく、あまり効果もありません。最近はアクリル製のダイレーターという先のやや尖った硬い二〇cmくらいの棒を買わせて、一日に何回か挿入させ、術後の膣の拡張を促すというように変わっているようですが、タイの術後の患者さんを多数見てきた私の経験や、ある大学のジェンダークリニックの知り合いの先生のタイ術後患者の多くの診察所見でも、このような管理法でうまくいっている人は現実にはほとんどいなくて、せっかく作られた膣も使い物になっていないことの方が多いようです。

シンガポールの性転換の病院には一本三万円位で売られている直径三cmのシリコン製の専用品があって、これはほぼ一日中膣に入れて使う持続留置タイプのもので、私の術後ケアの考え方に一致するのですが、日本では入手できませんでした。

最初の患者であるAさんの場合は、以前に店のママが性転換手術の後に使用したシリコンスティックがあったので、それをしばらく使うようアドバイスしたという。しかし、今後の新たな性転換手術のことを考えると、何とか使いやすいスティックを準備しておく必要があった。

まず、既製品で転用できるものがないかと探してみた。しかし医療用具から一般の家庭用や業務用の道具類の樹脂製品、大人のおもちゃまで色々と調べたが、適当な太さ、長さ、形状、材質のものがない。もう自分で作るしかないか、と素材店で良質な成形用液体シリコン樹脂を入手し、自分で鋳型を製作し、一つひとつ手作りすることにしたのである。

満足できる製品ができるまで一年近くかかった。これはよほど自信作だったようで、最後までその鋳型を使い続けることになる。


シンガポールのものを参考にしましたが、品質も耐久性も私の手作りシリコンスティックの方が優れています。太さは直径三一㎜、長さは出来あがりで一六〜一七㎝ありますが、患者さんの膣長に合わせ、適当に切って使います。手術直後は平均で一四〜一五㎝くらいで使われることが多いです。これとは別に少し狭くなった膣用に直径二七㎜のものも作りました。

より深い造膣へ

この直径二七㎜のシリコンスティックは、もともと術後の膣穴の維持のためではなく、造膣手術用に作ったものだった。

Aさんの手術のあと、一九九五年の前半までに同じ店のニューハーフ二人の性転換手術を行った。場所は、同じく埼玉の病院である。S先生の執刀で、助手を耕治が務めた。しかし彼は毎回、造膣のための直腸・尿道間剝離の操作が難しく面倒だと感じていた。

幸いに直腸裂傷のようなトラブルは一度も起こさなかったものの、いつも一一㎝程度の深さまでしか作れなかった。が、より深い造膣をするには現状のやり方では限界があった。そこで耕治は、直腸内にあらかじめ棒状のシリコンスティックを挿入しておき、これをガイドにして剝離していけばよいのではないか、そうすれば剝離操作の間いつも直腸壁の厚みを触知でき、安全により深い剝離が可能になるのではないかという考えに行き着いた。そのために考案したのが、直径二七㎜のシリコンスティックだったのである。耕治が執刀し始めた四例め頃から、手術の時に使い始めることとなった。

この効果は抜群だった。手術に慣れるに従い、造膣の深さは一三→一五→一七㎝と進み、一

○例めには一九㎝の深さまで剥離できるようになった。

実は一七㎝を超える剥離を行うと腹腔内に入りやすくなり、術後管理の面で良くありません。現在は最長一六㎝くらいまでしか私は造膣を行いませんが、これは腹膜の手前で剥離を終了するように手術を定式化したからです。しかしほとんど直腸裂傷を起こすことなく、安全にかなり深い造膣剥離ができるようになったのは、この細めのスティックのおかげです。

ただ、専門的なことを言いますと、直腸裂傷がいちばん起きやすい深さは膣口から六〜八㎝の位置です。奥の方では乱暴な操作をしなければ、腸の破損はほとんど起こりません。術後の膣の狭窄をきたした例や術中膣内にトラブルのあった例にもこの直径二七㎜のシリコンスティックを使いますが、このスティックは今も使いやすい鋳型がなく、作るのに手間がかかります。

タイで手術を受けた日本の患者は術後早期に狭くなっている例が多く、時々うわさを聞いて術後処置とシリコンスティックだけを求めて耕治の所に来ることもあった。

しかし、基本的にやり方が全く違うので、責任をもって術後の処置や修正をすることがやりにくい。さらに、そう説明しているにもかかわらず、後日クレームを言ってくる患者もいて対応に困ることもあった。そのため、タイではどのように手術が行われているのかも実際に見て学んでいた。

自作のシリコンスティックが大評判

元来患者思いの耕治であるから、もし使えれば自分の手作りのシリコンスティックを分けてあげて、多くのＭＴＦ-ＳＲＳ後の人たちに使ってもらいたいと思っていた。

タイの一般的術式での、少し膣が狭くなっている場合には、直径三一㎜のものより二七㎜の方が楽なのだが、前述のようにこのタイプは作るのに今もたいへん手間がかかる。在庫がいつもほとんどない状態だった。それに、もともと耕治の所では「手術の用具」だったため、傷んで使えなくなった時だけ新規に製作する品物であり、その他販売用にストックを置くつもりは毛頭なく、時間的余裕も全くなかったのだ。

私は仕事で毎日忙しく、スティックばかり作っているわけにはいきません。

当院の患者さんからレギュラーサイズの再注文を受けてもいつも一ヶ月待ちだとか、戸籍変更や改名用に術後の診断書を頼まれても二、三ヶ月待ちだとかいうような状態なので、タイの患者さんの術後ケアの手助けまで十分手が回らないのはご理解ください。

幸い、大阪のある大学のジェンダークリニックが、MTF‐SRSを本格的に始める時は、耕治が手作りしているシリコンスティックと同じ素材、形状で業者に大量生産させるという提案もあった。となると、自分で手をかけずにまとめて大量生産が可能になる。交換条件としてそのジェンダークリニックから紹介された患者の手術を耕治のクリニックで受け入れるということになっていたが、それは悩める患者を助ける医師としての本望である。よろこんで引き受けた。

それほどまでスティック作りに苦労していて、外注できるなら任せたかったのだ。

しかし期待しすぎたようだ。引き受けてくれたものの、大学のほうではその計画が遅々として進まず、結局のところ自分でスティックも作りながら手術の協力も引き受けることになり、多忙を極めることとなった。

業界での評判は増す一方だった。患者の累積数が増えて、再注文も多くなり、いつも一回に六～一二本くらい作るのだが、すぐになくなってしまうのだった。

術後ケア用具の探索で思わぬ苦労

そのほか、術後のケアで苦労したのは、膣の消毒や洗浄をどのようにさせたら良いかということだった。耕治は多忙な合間を縫っては街に出かけ、薬局やアダルトショップを物色したり、その類のカタログは手に入るだけ取り寄せては片っ端から目を通し、手当たり次第調べた。

消毒には「ドーチ」という外国の大きな浣腸器のようなものを見つけ、以後フィリピンから輸入することにした。膣内のシャワー洗浄の道具としては、大人のおもちゃ用の直腸洗浄器で良いものがあり、直接、製造業者に毎年発注していた。また、膣内を液体石鹸で洗うための使いやすいスポンジブラシ（指では奥まで洗えないため）を探し、他にはシリコンスティックが膣から出ないように押さえるためのショーツは、ある大阪の中小メーカーの製品にした。

また、一週間は排便を抑制するため、どういう食事商品を推奨したらいいかを考えたり、一週間あまり導尿カテーテルを留置して使うので、簡便な使用法を工夫したりもした。

意外に品揃えに手間取ったのが、シリコンスティック（ダイレーター）を挿入する際に使うゼリーだった。現在でも造膣術後のダイレーション用として定番の、K-Yゼリーというものが当時から業界では人気があった。とはいえ、今とは比べものにならないほどアンダーグラウンドな分野である。耕治はK‐Yゼリーを探しまわったのだが、日本の薬局やドラッグストアでは売られておらず、当初は苦労したようだ。しかし、結局は身近ですぐ手に入ることが判明した。

個人輸入は面倒だと思っていたら、国内で通信販売してくれる、家族計画や母体保護のための財団法人みたいなところが見つかったので、しばらくそこに注文してたのですが、あるとき出入りの医材業者に聞いたら簡単に手に入ると聞いて拍子抜けしました。とても使いやすくて良い潤滑ゼリーなんですが、やっぱり今も普通の薬屋さんには置いてないんですよね。薬局にある、性行為用潤滑ゼリー製品は高いし、乾きやすいものも多く、今でも世界的にMTF‐SRS後のスティック留置や性行為にはK‐Yゼリーが定番商品なんですが、日本の薬屋さんではなぜか見ませんね。許認可の問題でもあるのでしょうか。

ちなみに、現在ではネット通販で簡単に購入可能だ。

とにかく性転換はあまりに特殊な手術なので、ほかの術後では使わないような色々な小物が手術の時や術後、セルフケア時、それぞれに必要だった。

外来での膣洗浄をするために適当なイルリガートル〈見た目は点滴のような医療器具〉や専用ノズルを探したり、その水受けのために洋式タイプのポータブルベイスン（トイレ）を用意したり、手術に使う道具もどんな剥離剪刀がいいとか、造膣の奥の剥離には日母式の胎盤鉗子《たいばんかんし》〈ピンセットの先端を大きくしたような器具〉の九ミリと一二ミリが最適だとか、膣内を見るためのファイバー光付きの筋鈎《きんこう》も使いやすいものを探したり、特注したりなどと手術のやり方だけでなく、使用する道具、またアフターケアに用いる道具も医療側用と患者側用とさまざまに試行錯誤しながら、改善してきました。

小陰唇形成も同時に

術後の修正は、他国もしくは国内の他院でSRSを受けた患者だけでなく、もちろん耕治自身が執刀した患者に対しても、最初の頃はよく行っていた。

もともと陰茎や陰嚢《いんのう》には個人差が大きい。それによって出来あがりもかなり変わってくる。また術後の腫れや出血の多寡によっても結果に大きな差が出るものだ。

少しでも元の性器の条件や術後の治り方の違いからくる出来あがりの個人差を縮めたいという願いから、難しい症例に遭遇するたびに改良を重ねました。

主な改良の歴史を言うと、最初は一九九六年末だった。

その頃まで小陰唇は陰核形成に使う亀頭部に付けた皮膚を左右に分けて作っていた。小さめの小陰唇しかできなかったが、かなり良い形を作ることができていた。

しかし亀頭からの血行が不十分の場合、壊死して全滅になるという問題があった。数十例やって成功率は五〇%、これでは苦労の割に報われない。患者にもカウンセリング時にこの数字を説明すれば余計な不安をあおることになるし、また成功率は半々だとあらかじめ説明しておいても、結果的に壊死が起きた場合はやはりクレームに発展することもある。

そこで、陰茎近位側の皮膚で作るように変えた。しかしこれは作るのは簡単ではあったが、時が経つにつれ、形が不鮮明になることが多かった。たしかに術後修正で再び作り直すこともできるし、世界的には、小陰唇は二次的に形成されるのが一般的だったが、一度にまとめて形成している術式もあった。

それは、主にタイにおいてであった。

タイでは変な形なんですが、最初から作ってましたから、私も何とかもっと良い形の小陰唇を一期的に作りたかったのです。

形が変だと嘲弄しつつも、タイでは小陰唇まで一度で作るというのは、耕治には悔しかったに違いない。形作りには自信があったから、耕治自身が一度にいっしょに作る方法を編み出せば、革命的な大躍進となるはずだと確信していた。何よりも患者の心身的負担、金銭的負担の軽減にもなる。

以来、何度も改良を重ねた。完成度がかなり高くなり安定したのは、二〇〇五年夏のマイナーチェンジ版だった。

およそ一〇年間も試行錯誤してきたということになる。

「和田式」の誕生

耕治の小陰唇形成技術の飛躍的向上は、フィリピン人たちのおかげだった。

小陰唇は陰茎の皮膚の余裕で、デキの良さが決まる。いわゆる「粗チン」の患者には「小陰唇は厳しいかも……」と技術が安定した晩年になっても、最初のカウンセリング時に弁解していた。

耕治の大阪での開業は一九九六年一月なのだが、その年数人だったフィリピンの患者が翌年から急増した。するとやはり問題になってくるのは、日本人との身体の作りの違いだった。

それまででもイアン・エルヅ法では実はきれいな陰裂の形成が難しかったのですが、平均して日本人より陰茎の大きいフィリピン人が立て続けにきて、割れめが不恰好だと苦情を言われました。それで何とかきれいな割れめを作るようにしようと新しい工夫を考えていたら、偶然に小陰唇も同時に飛躍的に作りやすくなることに気づき、やった〜と喜びました。この新工夫は現在までも続いています。(中略)

ほぼ現在のシステムができるまでは、初めて手術を開始して三〜四年くらいかかったと思います。術式の改革は一年に一〜二回は行われました。現行の手術は二〇〇四年バージョンの二〇〇五年夏マイナーチェンジ版というものですが、またいつか変わるかもしれません。

これは二〇〇六年五月頃のブログの記述だが、およそ一年後に亡くなったことを考えると、この時点でほぼ最終的なバージョンだったと思われる。それは出だしこそ下敷きがあったとはいえ、今や独自の術式、いわゆる「和田式」が完成していたといっても過言ではないだろう。

希望者には手術の見学を

ところで、耕治はこの独自の「和田式」とも呼べる手法を、希望者にはこころよく見学させた。むろん、患者の了承を得てのことである。

私は昔から性転換にまじめな関心をもつ人達には手術の見学を患者さんの了解をとって受け入れており、お医者さんも時々来られますが、この私の小陰唇の作り方を見るとみんな目からウロコになり、びっくりしています。私の性転換手術が最初の大躍進を遂げたのはこの平成九年のことです。

MTF-SRSのことを教えてほしいと依頼されたのは、医大泌尿器科の先生や研究員からだったそうだ。またある医大の精神科からは手術希望の患者を紹介されていたと、のちに耕治は報道陣とのメールで述べている。

ちょうどこの時期見学していたと思われる人が、ネットの匿名掲示板で書き込んでいるコメントがある。わだ形成クリニックを話題にしたスレッドだった。

私は以前この先生の手術を間近で実際に見せてもらいました。なれていることもあるだろうけど、手際がよくて早い、上手い手術だと思いましたよ。（中略）気さくにコツや注意点などの質問にも答えてくれたし。
（某匿名掲示板より）

この先生の性転換手術のかなり昔（六〜七年前？）の学術ビデオが一部の医者らに出回っているみたいだが、見せてもらったことがあるけど凄かった。とにかくうまい。手術が下手な先生にはまったく見えない。
（同前）

和田式ＭＴＦ性転換手術の変遷

ここで、耕治が独自に編み出していった性転換手術の技法の変遷を、本人のブログを参考に整理して載せておく。

一九九四年に初めて性転換手術を手掛ける。スウェーデンのＤｒ．エルヅの原法（一九九三年発表）をベースにした。

その六例めが、一九九六年一月のわだ形成クリニック開業後の第一例めになる。手術のやり方はどんどん原法から変化していった。原法では小陰唇の形成については記載がない。

一九九六年末まで、クリトリスとして用いる亀頭部にさらに亀頭包皮を付け、これを左右に二分割して小さめの小陰唇を作るという非常に細かなことをやり続けていたが、成功率が半分程度で分が悪かった。

一九九七年からは、膣前庭部を構成する陰茎皮弁から直接作るという現在のやり方に変わる。ただ縫着の方法はたびたび改良され、最も成績が良くなった現行法は、二〇〇五年七月からのバージョンである。

亀頭の一部をクリトリスにする方法は当初は原法通りだったが、形が大きくなりすぎるため、採取のデザインを変え、次に採取部位を変え、さらには縫いつけ方も変え、採取した亀頭の周辺部を皮下に隠して大きく見せないように工夫した。

一時はよりリアルな形を目指して陰核包皮の形成も試みたが、かなり陰茎皮膚に余裕がないとうまくいかないため、その後あまりやっていない。

同年、陰裂がうまく作られるように陰茎皮弁の根元を恥骨に縫着したり、膣前庭（陰茎皮弁）の中心の一部を縦に縫縮したりするようになる。

一九九八年、陰嚢皮弁の基部に小三角弁を付設するようにした。膣口部がいちばん緊張がかかるため治りが遅いのだが、少しでも膣口部分の皮膚に余裕を持たせるためである。

尿道口の設置部位も、残部尿道海綿体の勃起による隆起を目立たなくさせるため、年々深めに作られるようになり、二〇〇三年一二月には、造膣皮弁の一つに尿道海綿体を完全利用する大改良を行ったことで、膣と尿道口は合理的に隣り合う関係に進展した。

また造膣皮弁の主体となる、陰嚢皮弁の欠点と言われていた術後発毛も、一九九九年頃からは事前のレーザー脱毛の実施で、効率的に抑制できるようになった。

麻酔も手術時間の短縮により、一九九七年末から腰部硬膜外麻酔だけになる。

二〇〇二年の事故の後、性転換手術を二〇〇三年に東京の関連施設で再開する時は術後管理の安全対策を工夫することで、世界一複雑な手法の手術であるのに入院期間を二〜三日にまで短縮化することができた。

第8章　最初の事故

昏睡

激務の中の開業は、たくさんの協力者と患者たちの声に支えられ、きわめて順調な出だしだった。順調すぎたのかもしれない。

それでも仕事中は一切気を抜かず、慎重に手術をしていました。それまでに色々と怖い体験もしている自分だから、自分の過失で事故は起こさないと確信していました。

ただ全麻中に偶発的に起こりうる脳卒中や心臓発作だけが心配でしたが、幸い美容外科は元来健康な人々を相手にしているので、あまり心配しなくてもいいだろうと考えていました。

最初の大事故に遭遇したのは、わだ形成クリニックが順調に軌道に乗り出した矢先の、一九九六年の一一月のことだった。豊胸手術後の患者が意識障害に陥るという初めての事態が発生する。

その患者は四国で活躍するニューハーフだった。開業前の一九九五年夏に耕治のもとを訪れている。当時彼が勤務していた梅田のSクリニックでのことだ。目鼻の整形と顔面骨切り縮小手術を施し、それ以来の付き合いだった。耕治は仕事の出張で四国に行った時、小綺麗になってショーハウスで人気者になって働いていたその患者の姿を見に行ったこともある。

次は豊胸をしたいと耕治のクリニックに来て、手術も麻酔も無事に終わった……はずだった。

実はこの日、別の患者さんの手術も予定されていたのですが、四国の患者さんが予定の飛行機に乗り遅れてしまい、それで後に予定してた患者さんを繰り上げ、四国の患者さんの豊胸と目の切開は夕方からのスタートになりました。たぶんはじめの予定通りの順序で手術が行われていたら、事故が起きることはおそらくなかったと思います。これは事故を患者さんのせいにしているのではなく、事故というものはいくつもの要因が不幸にも偶然に重なって起きることが多いということを言っているのです。

その日、手術が終わったのは夜の一〇時。麻酔を覚ましてから、耕治と助手のナースは夕食の弁当をナース控え室で食べていた。手術室から一〇mと離れていない部屋だ。耕治は目を離したとはいえ、手術室には二人のスタッフが残ってまだ朦朧《もうろう》としている患者をみていたし、患者には当然まだモニターが付けられていた。もう少し意識がはっきりしてから隣の安静室に皆で移動させるつもりだった。

弁当を食べ終わる頃、手術室にいた二人のスタッフがナース控え室に戻ってきた。耕治は、いま手術室には患者一人だけだなと気になったものの、モニターが付けられているので、異常があればアラームが鳴るから大丈夫だろうとした。

彼は普段そういう状況なら万一の場合にそなえて、常に直接患者の傍に行って容体を自ら観察し、確認することにしていた。ところがこの日だけは、連日の出張と激務の重なりで疲労が極限状態だったこともあり、少しの時間なら……と腰が重くなってしまった。

しばらくして患者を安静室に移動させようと全員で手術室に戻ったところ、心肺停止状態となっていたのである。この一瞬の隙が、取り返しのつかないことを招いてしまった。

詳しい状況の説明は言い訳がましいので省きますが、実は血中酸素モニターが外れており、呼吸抑制が生じてもアラームが鳴らない状態になっていたのです。

呼吸抑制の原因はたぶん手術終了時に点滴の残りに入れた強めの鎮痛剤レペタンの副作用でしょう。点滴は空になっており、薬の効果が強く出始めた時点で呼吸抑制が生じたと思います。すぐに気道挿管し蘇生処置を開始し、心拍はすぐに復活しましたが、自発呼吸がなかなか戻らず、結局あきらめて救急センターへ搬送することになりました。

転院先の病院で数日後に自発呼吸は復活しましたが、意識レベルはあまり戻らないままでした。それでさらに治療が長引くことを考え、患者さんの故郷の四国の病院にヘリで移送転院することにしました。

それからは、耕治は毎月治療費と補償費を持って面会に行った。

一年が経ち、回復状況も見えなくなってきた頃、長期の補償額（損害賠償）について裁判所で話し合うこととなった。自院の管理責任の至らなさを全面的に認めていた耕治は、裁判官の和解案に応じた。

その後

当初、まだ裁判にまで発展する前だが、耕治は患者当人のためを思い、すすんで賠償する意思表示をしていた。しかしながら、本当に本人の生活保護のために還元されているのか懸念もしつつあった。実際、患者のまわりの人々がその都度請求してきているとしか思えないこともしばしばだった。

以下は、耕治自身が裁判の答弁として語った長い記録から抜粋し、適宜まとめたものである。

術後、まもなく患者X氏の同居人のY氏から電話。手術が無事終了したかの確認だったが、耕治は起こったことを正直に説明した。

当時X氏が働いていた店を経営する会社の管理部長からも連絡が入り、「これから店のスタッフとともに、すぐに大阪に行く」と。午後、社長や管理部長に会い、事情説明を行う。手術代金六三万円の返却を言われ、応じる。

またその後、滞在先のホテルにも呼ばれ、店のスタッフ、X氏の父親だという男性にも事情説明し、陳謝。このとき親族で来ていたのは父親だけであった。

翌日、管理部長から「大阪へお見舞いに行くには費用がかかるから、ご家族に見舞金を渡したい」と言われ、五〇万円を預ける。

店や会社のスタッフは入れ替わりながら一週間ほど滞在し、それらの費用として八〇万円を、耕治は支払った。その間X氏の姉も来られ、耕治はお見舞い金として、X氏あてに五〇万円を渡す。

その後、X氏は生命の危機は逃れたものの、正常に意識が回復することはなく、一二月二日、地元の大学病院に移送されることになった。

耕治は一二月一二日、四国にお見舞いに出向く。医療センターから出ていた治療費請求額（保険証を出していなかったため、自費のまま計算されていたもの。後に保険扱いの手続きがなされ、一〇分の一以下に減額されていると思われる）二五五万円を持参し、母親のZさんに手渡す。

一ヶ月後の一九九七年一月、「X氏が会社に借りていたお金を代理弁済してもらいたい」と管理部長に言われ、八七万円を支払う。

そして母親のZさんに治療費・見舞金としてまた五〇万円、二月にも五〇万円を払った。それ以降は、現在も入院している病院に転院したのを機会に、月々の治療費を耕治が病院に直接支払い、そのほかに見舞金・補償費として毎月四〇万円を支払っていくことを口頭で約束。

いくらかは回復しつつあるX氏の病態の推移を見ながら、ほぼ定常化したところで、正式に、お金の話は法的な手続きでいたしましょうと提案した。

耕治がいつ見舞いに行っても、会えるのはお母さんとお祖母さんだけ。大阪で会ったお父さんにはその後一度も会うことも、連絡もなかった。今後、X氏はいったい、どなたが責任をもって見ていかれるのか、ほんとうにX氏のためになるようにするにはどうしたらよいのか、わからなかった。そのため、少し時間をかけて解決したいという考えも耕治にあった。

ニューハーフになったX氏は、家族には見捨てられていたとか、ご両親は別居しているとか、離婚するとか、X氏の今後のことを考えると、不安になる話も聞こえてきた。一方、それまで同居していたY氏の思いもある。とりあえず、今しなければならないこと、してもよいことを、当分はできる範囲でやっていこうと耕治は考えていた。

届かない誠意

しかし、関係者たちは容赦なく耕治への追及をやめなかった――。

X氏の同居人であったY氏は当時、交通の不便な病院に、毎日のようによくお見舞いに来ていたのだが、そのうち「Xさんが車を持っているのだけども、自分に車の免許がないから、見舞いに来るのが不便だ」と言いだした。耕治はY氏が早く免許を取れるよう、免許取得にあてる分として、Y氏に見舞金として四〇万円を渡した。

四月には、また会社の方から、「X氏の代わりのニューハーフを補充するために、費用を三〇〇万円ほど負担してほしい」と言われる。さすがにもうお金も底をつき始めていた耕治は、「いくらなんでもそこまで補償しなければならない理由が理解できないことと、今回の事故は確かに私に最終的に責任はあると思うが、大きな手術を受けるために、大阪に朝早く出かけて行かなければならないことがわかっていたのに、朝まで働かざるをえず、疲れ果てた状態で、手術を受けることになってしまったX氏の体調にも一因があると考えられるのだから、それには、会社も一定の責任があるのではありませんか」と反論。結局一三〇万円を補償することで、合意し、支払った。
また、家族がX氏の傷病手当を手にするために、あと一年半、会社に在籍することになったので、本人と会社が負担する社会保険料毎月五万円余も、耕治が代わりに支払う約束もし、実行した。X氏の保険料は、耕治が負担していく形で続き、つまり、このようにして一九九九年六月まで、家族や関係者に総額二〇〇〇万円以上を耕治は支払った。以下、引用する。

事故の責任を基本的に私は感じていましたから、そうしてきました。そのことが本当にX氏のためになることなら、今後の補償も積極的に行っていく意思は持っています。事故から二年七ヶ月がたち、これからはもうあまり回復も期待できないこともわかってきました。Xさんには、残りの人生をできるだけ温かい環境のなかで、全うしていただきたいと願っています。

いちばん心配するのは、お金だけ、まわりの人達に取られ、Xさんは病院のベッドの上で、何もわからないまま、放ったらかしにされてしまうことです。Xさんは私にとっては、特別な意味をもつ大事な患者さんでしたから、ただお金だけ払って、本人のためになっていなかったら、私の気持ちとしては、責任を果たしたという実感は出てきません。借金を抱えて開業し、一年も経たないうちに、この事故に遭い、責任を果たすためにも

これまで、必死にがんばってきました。（中略）
今後、どのように解決がなされていくかわかりませんが、私が望むことは、これから何年、あるいは何十年と意識障害を背負ったまま、生きてゆくかもしれないXさんにとって、一番よい境遇が保証されることです。
もっと良い施設があるのでは、もっと良い治療法、介護の仕方があるのでは、と気になることはありますが、他人の私には口出しできません。私は、ただXさんにおわびを言い、まわりの人達にお金を払う立場に立たされているだけです。だからこそ、Xさん不在の、ただお金の額だけの解決のされ方には、気の進まない思いがありますが、損害賠償の裁判というものはそういうものでも仕方がないのでしょう。したがって、現実的な賠償であれば、引き受けるのは当然と考えています。今までも、そうやってきたつもりなので、そうするつもりです。
（X氏遺族との裁判での陳述書より）

耕治はその後も、賠償金を支払い続けることとなる。辛い経験となったが、戒めとして改めて医療に対する態度を引き締めるきっかけとなったようだ。
決して忘れることができませんから、このことがその後絶対に不注意で医療事故を二度と起こさないという私の決意を持続させてくれました。

（同前）

第9章　性転換・美容整形へ全力投球

口コミだけで

ニューハーフを中心に口コミだけの連鎖で始まった耕治の性転換・美容整形だったが、本格的スタートを切った一九九六年中に、MTF‐SRSはすでに数十例に達し、その手術水準は急速に進歩した。

噂はしだいに広まっていった。と同時に、怪しげな連中による耕治への金目当ての脅迫、恐喝も絶えなかった。誤解と偏見の産物である。一九九六年当時は、まだ性同一性障害という症病概念、それに対する性転換手術という治療の観念は一般的ではなかった。

私が今日まで性転換手術について公言せず、沈黙を守り、医師や当院患者からの紹介がなければ受けつけないという姿勢を貫いてきた理由には色々とありますが、余計な人達からの下品な干渉介入から患者と治療環境を守りたいというのも一つの理由です。

あくまでも、一美容外科医

彼は事実上、GID治療の専門医のようになっていたのだが、謙遜してこう述べている。

美容外科一般を専業とし、普通の女性が多く訪れますが、FTM-TS（性同一性障害の女性）の人が男性ホルモン療法や乳房切除手術を希望して全国から来院されたり、MTF-TS（性同一性障害の男性）の人が女性ホルモン療法やSRS（性転換手術）や女性化のための美容整形の相談を求めてたくさん訪れ、事実上その分野の専門医のようにもなっています。しかし今もそういったことを宣伝広告していることは一切ありません。なぜなら私はあくまでも性同一性障害の問題に精通する一美容外科医であると考えてお

り、特別に性同一性障害の専門医であるとは思っていません。（記者とのメールより）

日本でいちばん無名の有名人

何もしようとしない正統派の形成外科医達を見限り、私は所詮、異端無名である気安さから、たとえ捕まろうが脅されようが、医師としてやって正しいと思うことは徹底してやるぞという確信犯的信念で走り出しました。

異端無名である気安さといえども、今や耕治は「日本でいちばん無名の有名人」と言われるくらい、その世界では有名になっていた。当然自信もついていたし、正当な医療をしている確信もあった。

トラブルを恐れていたら何も始まらないし達成もできない。アンダーグラウンドのヤミ医者と言われようが、無精髭・ジーンズで執刀して不潔だとか自分のことは何と言われようとかまわない。たとえ違法だろうが、患者は苦しみから救われる権利を人として当然有しているのだ。法うんぬんの前に人を治療する医師であり、医師である前に一人の同胞としての人間である。

見捨てるわけにはいかない。患者本人が希望する通りに外性器の見た目を変えることがいったい誰に迷惑をかけるだろうか？　迷惑どころか、一人の人間を救うことになるのである。耕治は孤高の美容外科医として邁進していくのだった。

たまには息抜きに、治療に来てくれるお客さんの働くニューハーフパブにも出向き、豪快にお金を使った。ストレス発散のためというのもあった。派手におだてられても耕治は照れ笑いするだけだった。でもやはりそんな夜は気分よく眠れるのだった。

ショーのアドリブのネタにされることもあった。

「冗談酒場に行った夜には、ママが客席の耕治を指差し、「アタシ、あの先生に月に一回は、オマンコ見てもらってるのよ〜」などと言っては客席の大爆笑を誘っていた。

カウンセリング重視

それからの耕治は、ニューハーフの神様だとか仏様とか、現代の赤ひげ先生などと呼ばれ、その世界ではますます名声を高めていった。

万全に万全を期していても、不具合を訴える人は出てくる。それゆえ、少しでも誤解を生まないようカウンセリングには時間をかけた。しかし、ただ何もかも伝えればいいというわけではないという。

そもそもカウンセリングはできるだけ真実の手術の実態をわかってもらい、効果、限界、予想される経過を述べる中で必要な術前・術後の注意を認識してもらい、それらを軽視することでかくかくしかじかのトラブルがおこる可能性がある、という形の中でトラブルにも触れ、総合的な理解をしてもらうことが重要かつ基本的なことであって、あれも言った、これも言ったと画一的にただ話をならべることがカウンセリングとは思いません。そういう意味では、カウンセリングの具体的なあり方は相手によって変わるものであって、患者さんの元来の性格や知識や関心事といったことにあわせて、展開されるものです。羅列した項目の多寡で評価されるものではありません。（ある裁判での陳述書より）

カウンセリングに関しての耕治に対するお礼の手紙は数えきれないくらいあった。その一通を紹介する。

先日は性転換手術の件で大変お世話になりました。

素人の私に対してわかりやすく説明していただき大変感謝しております。お陰様で手術の手技だけではなく、先生の人柄や治療への姿勢、患者に求める態度・姿勢、抱えている問題等理解することができました。

三時間半にもわたるカウンセリングをしていただいた医師は和田先生が初めてでした。

それ故にうれしく、また先生との出会いは強く印象に残るものでした。

「肉体的にも精神的にも限界でこれ以上の手術の拡大はない」

という先生の言葉は、私の心の中に深く突き刺さるようでした。

本当にあまり無理をしないで下さいね。今、扱っている患者さんを中心にできるだけ力を入れて診てあげて下さい。（中略）

私は「自分は粘り強い性格の持ち主だ」と思っていますので、苦難にめげず諦めずに自己実現のために人生の道程を転ぶことを恐れず、歩き続けていきます。

いつの日か必ず受診します。

また、耕治は裁判沙汰になっても決して弁護士をつけなかった。その理由を述べた記録も残っている。

弁護士をつけずに

私はしかたなくこの裁判で弁護士のようなまね事をしていますが、私は医師です。告訴人でも、私の心の中では患者です。私が弁護士を使わないのは、訴訟も自分の行った医療の延長であり、そうであれば医師がその責任を全うする、というのが私の信条だからです。医師は「弁護」される必要はなく、事実と自分の信じる真実だけを述べればよい、と考えています。それが、医学という専門性の高い特殊な分野のことだから、門外の弁護士ではなく、医師自ら、分かりやすく、説明すべきだと考えてきました。

（ある裁判での陳述書より）

性転換手術が国内でいよいよ公に⁉

そんなおり、耕治に追い風が吹いてきた。

一九九六年七月、埼玉医科大学倫理委員会が「性転換手術」を条件付きながら認める答申を出し、マスコミが大きく取り上げたのである。

同大学の原科《はらしな》教授が同倫理委員会に、性転換の外科的療法の倫理的判断を求めていた申請への答申であった。その翌年の一九九七年六月には厚生省も見解を表明した。――「医学界で適切と認めたのなら、母体保護法（旧優生保護法）には抵触しないものと考える」

新聞やテレビで報道されたのは大きかった。正統的な性転換治療の流れがこの日本でやっと始まることになったのだ。

耕治は自分の方向も間違っていないことに改めて確信を持った。少し肩の荷が下りた気もした。やがて耕治に対する脅迫電話も、一切かからなくなった。

新しい治療が始まるには、実態としての現場の動きと建て前としての制度や仕組みの確立が共に必要だと思います。この埼玉医大の流れは私を助け、役立ちました。

先ほどは性同治療に対する大学の取り組みがあまりに遅すぎると私は批判しましたが、こうした表向きの動きは遅くはなりがちですが、やはり必要であり、重要な意味があります。

すでに私も始めていたFTM〈女性から男性〉のホルモン治療や乳腺切除術を通じて、一般人として生活している性同一性障害の人達のイメージも理解できていたので、大学と私はそれぞれ違うタイプの人達を治療対象にしていくのだろうと思っていたら、平成九年〈一九九七〉春に京都のK先生から、学校で先生をしている（中略）MTF〈男性から女性〉の患者さんを紹介され、それまでニューハーフ中心だったMTFの性転換治療が幅広いものに進展する契機になりました。

患者層の多様化

ニューハーフ以外の一般のGID患者の性転換治療をしたことで、耕治は一からまた性同一性障害、ことにMTFの場合について真剣に勉強していくようになった。

この頃からインターネットで直接色々な情報が得られるようになり、目を通した方がいい書物や文献、ビデオなども検索しやすくなっていましたし、ＴＳやＴＶ、ゲイの人のホームページも激増してきていました〔註参照〕。

平成九年〔一九九七〕末から当院のＧＩＤの職業分類は多岐にわたるようになり、また個々人のパーソナリティの違いも様々であることが現実に痛感され、オカマでも何種類もあるのに、ＧＩＤも一筋縄で行くわけなく、患者さん一人一人を短時間で理解することがいかに難しい作業であるか思い知らされました。

ただそういうことは実際に患者さんに直接接してわかるようになることですから、患者層が多様化したことは自分の経験値を高め、理解力を増すことに大いに役に立ちました。

註

ＴＳ（Transsexual、トランスセクシャル）：性転換を望む人。性転換手術を強く希望する。

ＴＶ（Transvestite、トランスヴェスタイト）：異性の服装を好む人。

なお、ここでは出てこないが、ＴＳとＴＶとは別の概念にＴＧ（Transgender、トランスジェンダー）がある。こちらは異性装を好み、そのうえ社会的役割も異性として見られたい人。しかし、性転換手術までは望まない。また、広義には性別に違和感を持つ人の総称としても使われる。

独自のガイドライン

耕治はもともとこの手術を始める時から、倫理委員会などが参考にしたと言われるハリー・ベンジャミンの論文などを研究し、すでに自分なりにアレンジして取り入れていた。

耕治の独自のガイドラインについては、本人が具体的に書き残したものはないが、ナースが事情聴取で供述した記録がある。

1　精神治療は受けているか、または精神的におかしい異常な考え方がない人。

2　ホルモン治療を受けているか、急激なホルモンの変化は危険があるため、本人がホルモン治療をしてるといってもあやしい（男性ぽすぎる）感じの人には血中ホルモン濃度検査をする。和田院長的に信頼できない人には、何時間でもカウンセリングしたりして信頼関係のある人。

3　社会的に認められる年令で、社会的知識があって、自立したり前向きな人。生活保護を受けていたり、親や性同一性障害という病気にあまえ、仕事できないとか言う人には、しなくてよい説教をしていた（私的にはそんな人に説教してあげるのは、先生は優しいと思う。でも、そんな人の中には、説教をありがたく思わず、ひらきなおり、キレたりする）。

4　家族構成や境遇。学歴や職歴。友人関係。

5　好きな性別の対象（男と女の両方好きとか言う人もいれば、自分が女の体になってみたいだけで好きな対象は女だとか、女の体になってオナニーしたいとか色んな変な事を言う人がいたりすることもあるので確認する。変な事を言う人には手術は絶対しないが、そういった患者は自分を変だと思っていないので、とりあえずまずはじめに、なぜ、手術をしたいか患者の要望や要求を聞いて、先生が判断している）。

6　他にも多くの和田院長的ガイドラインはあると思いますが、院長の判断で、その時その時で、トータル的に患者とかかわる。先生は「自分が生きている限り一生自分の責任をもってアフターフォローをする」と言っています。（ナースの供述より）

一九九七年に正式なガイドライン（性同一性障害に関する診断と治療のガイドライン）が作成されたが、それを受けて、改めて同ナースは一人で最後まで面倒を見る耕治のやり方が、一貫した整合性がとれていたと支持している。

三年前、埼玉医大のガイドラインが出た時は院長が言ってる内容とほとんど一緒の部分を含んでいた。院長は、そのガイドラインより、一人で全てを管理・状況把握が出来るとの事だし、その方が一貫してると私も思う。やはりウチは、してはいけない手術という簡単に単純な法律問題とは関係しているようでも、日本の性転換に対する対応が他国よりも理解力がわるく、そういう意味で日本は遅れているとも、私的には感じた。この時あらためて先生が、Sメディカルの時からニューハーフと知り合い、日本〔数十文字程度欠損〕の事を考え、ニューハーフの人達の為に金もうけは一切考えず、三〇〇万ぐらいの貯金で、ニューハーフの人たちが生きやすくする為にだけの病院を設立した事、患者さんのみんなに信頼され「神様」と言われて、患者さんにとって本当にオアシス的な病院を完成させた事に本当に感動した。（同前）

ＦＴＭ乳腺切除術の始まり

そもそも耕治のＭＴＦ性転換手術のきっかけは、本業だった一般の美容整形は元より、ニューハーフの整形手術依頼も受けるようになって、その延長で性転換の相談を受けたことだった。

手術をしたいという動機もごく自然に理解でき、初めは「障害の治療」という認識はなかった。しかし、さらにその延長でFTMの人たちに関わることによって、改めてGIDは深刻な問題だと認識するようになっていくのだった。

当時、大阪の勤務先だったSクリニックで、ホルモン治療も行っていた。一九九四年頃のことである。ニューハーフたちが毎日出入りするようになり、そのツテでいわゆるオナベもちらほら来るようになった。

耕治は初めの頃、「オカマさんがいるならオナベさんもいて当たり前だろう」くらいにしか認識していなかった。そこへ、昼間は普通にOLをしているが、会社の外では男装しているというFTMの人が乳房を取りたいという相談で来院したのである。

このことがきっかけでGIDを真剣に理解するようになったのだという。

今でこそ四〇〇例以上の乳腺切除術の経験がありますが、このときは正常な乳房を除去することには積極的になれず、まず脂肪吸引という方法で小さくしてみたらどうかと提案しました。男性ホルモン未治療だったし、たいして大きくない乳房だったので、それで何とかなるかと判断したのです。

しかし脂肪吸引で確かに全体的には小さくはなったのだが、乳輪部分の膨らみは残ったままだった。患者から、これがいちばん気になるんだと言われ、その気持ちは耕治にはよく理解できたので、結局乳輪部切開による乳腺切除手術を行うことになった。

できるだけ傷跡が残らないようにと乳輪部切開だけでやるようにしたのだが、実際やってみると、ただ取りさえすればいいというような単純な手術ではないことがわかった。


小さな切開から裏の広い乳腺切除範囲の出血をいかに少なくし、止血するか、また乳腺を失うことで血流不足になり壊死する可能性のある乳頭をいかに守りつつ、縮小も同時に行うか、など解決しなければいけない問題は難解でした。また大きな乳房の場合は皮膚切除もして皮膚の弛みも処理しなければいけませんが、巨大乳房で悩む女性の手術と違い、小さくするのではなく、真っ平らにしなければならないので乳輪の縮小と移植をどう行うかなど新しく工夫しなければいけない問題がたくさんありました。

この手術も、性転換手術と同じようにもう一二年余りの経験を積み、今までに色々な改良をしてきましたが、まだ完全に問題は解決されていません。そしてこの手術に関わることで、GIDの問題が意外に実数の多い深刻な問題であることにも気づかされました。

悩める患者さんたち

一般のＧＩＤの人たちも診るようになってからは、その人たちの紹介だという手紙が全国各地から届くようになる。耕治は改めて、社会の中で本当の自分を隠して生きている人の多さに驚愕する。――心と身体の違和感に苦しみながら満たされることなく、老いて死にゆくまでの時間をただ消化するだけの虚しい日々。このままでは幸せな未来など想像できない、毎日鏡を見るたびトイレに行くたびに絶望に打ち沈み、生きる意味がわからないと嘆く人たち。

耕治のもとにこんな内容の手紙がいくつもあったので、その一部を紹介する。

初めに突然手紙を書き送る失礼を深くお詫び申し上げます。ご迷惑とは知りながら○○さんの力をお借りすることになりました。

（中略）週一回のペースで仙台の美容外科で女性ホルモンの注射を受けており半年になります。（中略）私はダメで元々と仙台や東京の美容外科八軒ほどに赴き直接手術をしてくれる様にお願いしてみたのですが、やはり断られてしまいました。

外国にいけば手術してもらえるのは知っていますが、言葉の問題もあり、できる事なら国内で信頼のおける先生に手術して頂きたいと思っています。（中略）先生どうか手術をしてください。もちろん手術するかしないかは直接話し合ったうえでの先生の判断にお任せ致します。

たらいまわしのような現実だったのだ。耕治がそれまで見知っていたニューハーフたちのように、発散できる場もなく、カミングアウトもできずひっそりと社会生活を営む人たちの辛さが、今では痛いほど伝わってくるのだった。

正規の手続きに則ればカウンセリングまで半年〜一年待ち、手術は数年先などと言われれば、安く比較的すぐ受け入れてくれる海外に流れていくのは自然なことだった。

ところが、その頃のタイでは、ＳＲＳの市場が倍々の勢いで拡大していたのだが、そこに目をつけて、高額の斡旋料を請求する悪徳仲介業者もいるとの噂も耕治はちらほら耳にしていた。彼は不憫でならず、ますます自分が頑張って国内でＳＲＳ希望者を受け入れやすい土台を作らねばならないと身の引き締まる思いになるのだった。

公美子回想 4

一度、東京でニューハーフのショーを観に連れて行ってもらった時がありました。

次から次へと耕治さんのところへ美しくきらびやかに着飾った素敵な女性（ニューハーフ）たちが「先生ようこそ」と挨拶にきました。

特別な席で大変よくしてくれるサービスから、彼がたいへん崇められているというか、ふだん家族として接する彼とはちょっと違う側面を見たような気がしました。

耕治さんは出会った頃から少し恥ずかしそうに笑うシャイなところがあり、医者になってからも、決して威張るようなことはなく、その時もその丁寧すぎるくらいのサービスの対応に恐縮して恥ずかしそうに笑うだけでした。

東京、大阪と離れてはいたものの、彼は父親として息子たちの良きリーダーであり尊敬する男でありました。

息子たちは当時、耕治さんが勤めていた病院の院長所有のクルーザーにも何回か乗せてもらったことがあり、長男は海に放りだされ溺れそうになったことがあったそうです。

耕治さんはありとあらゆる経験を息子たちにさせていました。

麻雀もよく三人でしていました。わたしは参加しませんでした。小学生二人とジャラジャラ麻雀していていいのかなぁ？と不思議な光景でした。

彼は屋久島や沖縄などへ忙しいなか時間を割いて旅行していました。

耕治さんの甥っ子がアメリカにいたこともあり、カリフォルニアの空を見せたいと家族で行ったこともありました。

彼の運転で旅したどこまでも続く空は忘れることができません。次男がアメリカに留学する前にホームステイをすることになり、せっかくだからとまた家族で旅行した時に見たラスベガスの「ブルーマン」。本場ならではのエンターテイメントショーは今でも心に残っています。

耕治さんは漫画家になりたかった時もあるそうです。ためたお小遣いでやっと漫画を描くための道具を買ったのに、お義父さまに見つかって捨てられたと言っていました。

彼はお金がないために我慢していたことが沢山あったようで、自分の子供には何でも与えるという方針でした。

それはあとで子供に「あの時こうしてくれていたら」などと、絶対いわせないためとも言っていました。事実、長男は高価なものでも安いものでも、どんどん品物が増えていく自分の部屋で、何一つものになっていないことを反省して、あまり要求もしなくなり「買って」と言わなくなりました。むしろ物をとても大切にするようになったと思います。

そして高価なドラムセットだけが彼の身になり、ミュージシャンとしてその後を方向付けることになります。

次男は小学校の低学年から一人で青森のわたしの妹夫婦のところへ電車を乗り継ぎ遊びに行ったり、九州へも飛行機で行くような子供でした。

次男は耕治さんの勧めもあり、高校からアメリカの私立高校へ留学します。

耕治さんは次男のアメリカでの入学式に出席してくれました。全寮制で日本人はほとんどいないところで、あとでわたしに「あいつ、こんなところで三年で卒業できたらすごいぞ、大丈夫かな?」と心配そうに伝えてきました。

無事高校を卒業でき、卒業式にはわたしと耕治さんとで出席しました。すぐに耕治さんは日本にトンボ返りでしたが。

その頃の彼は、性転換手術の

死亡事故が起きて報道されたあとですから、大変な時だったのです……。

実は次男のアメリカ留学（高校）のきっかけには次のようなことがありました。ただでさえ耕治さんは大阪、東京での激務で忙しかったのに、当時ヤンチャで手を焼いていた次男のことで学校から呼び出され、わたしとともに出向いてくれたことがありました。

その時に最初教員らの話を静かに聞いていた耕治さんが、息子に対して罪と罰として話された内容に、烈火のごとく怒り出したのです。先生に「罪と罰の間違った使い方をするな」と言い放ったのでした。慌てた教員らは「私たちは（親の）和田さんと喧嘩するために呼んだのではありません」と。

わたしは、なぜかスッキリしたのを覚えています。次男はそれを聞き、超多忙の中、父が自分のために駆けつけてくれ、自分を擁護してくれたことに何か思うことがあったのでしょう。それ以来、すっかり彼のヤンチャぶりは影を潜めました。

わたしはその時、父親の役割は大きいと心から感じると同時に深く感謝したのでした。その帰り道、耕治さんは息子にポツリと言いました。

「お前、アメリカに行くか」と。

そうしてエスカレーター式の中学にわたしたちは決別しました。その時に耕治さんは学生時代、学生運動で先生たちとやりあった時のことを思い出していたのかもしれません。息子は俺が守るといった強い決意だったのでしょうか。

第10章　最も不幸な医療事故

性転換手術死亡報道

二〇〇二年、わだ形成クリニックが開院して七年目を迎え、耕治が執刀したMTF性転換手術は、すでに二五〇例にまで達していた。紹介でしか客をとらないにもかかわらず、予約はずっと先まで埋まっていた。この頃がまさに絶頂期だったと言っていいだろう。

思えば五年ほど前、かなりの数の治療実績を有するようになり、そろそろインターネットや学会活動を通じた情報発信を何らかの形で少しずつ始めていこうかと考えはじめた矢先に、医療機関にとっては一番の大問題となる医療事故が最も不幸な形で発生し、私は否応なしに目先の問題の解決に追われるようになり、公的には当面、沈黙を強いられざるをえない状況に追い込まれました。立て続けに起こった二件の業務上過失致死容疑で、警察の取り調べを受けることになり、うち一件が性転換手術だったわけです。

同年四月二日と三日。それは大々的に報道された。

「性転換手術後に急死　あご整形の女性も」『朝日新聞』
「『性転換』手術後に男性急死　美容整形の韓国人女性も　ともに肺浮腫の症状」『サンケイスポーツ』
「性転換手術翌日に急死　一月に美容整形の女性患者も　院長、手術との関係を否定」『スポーツ報知』
「『性転換』術後に男性死亡　大阪の診療所　美容整形で女性も」『読売新聞』
「性転換手術後に三五歳男性が急変」『日刊スポーツ』
「性転換手術後に男性急死　美容整形の韓国女性も」『東京中日スポーツ』
「『医療事故』大阪の美容形成外科で男女二人死亡　警察が事情聴取」『毎日新聞』

以下、新聞各紙に記載された概要である。

事件は大阪市北区の美容・形成外科「わだ形成クリニック」（和田耕治院長）で起きた。今年二月、男性会社員（三五）＝東京都小金井市＝が性転換手術を受けた直後に容体が急変し、搬送先の別の病院で死亡した。事故直後すでに、大阪府天満署は院長から任意で事情聴取したが、和田医師は手術との関係を否定したという。被害にあった会社員は、自分の性に違和感を抱く「性同一性障害」の症状に悩んでいた。二月二五日午後六時四〇分から約五時間半にわたって手術を受けるが、術後に容体が急変。別の病院で翌二六日午前六時三五分ごろ、死亡した。通報を受けた天満署が司法解剖したが、死因は不明。肺に水がたまる肺浮腫の症状を起こしていたという。

同クリニックでは今年一月、飲食店経営の韓国人女性（三九）＝大阪市平野区＝があごの骨を削る美容整形手術を受けた後に、別の病院で死亡していたことも判明。司法解剖で死因は特定できなかったが、肺浮腫の症状があったという。院長は「女性は睡眠時無呼吸症候群だった」などと説明している。

テレビのニュース番組やネット、各メディア等でもこぞって取り上げられた。

この国では長らく闇に葬られていた性転換手術が、およそ三〇年ぶりに騒動を巻き起こしたのである。


しかしながら事故の内容から、耕治は当初一年くらいで調査の結論が出て、刑事事件としての問題は解決、つまり事件性はないという結果に落ちつくのではないかという楽観的な見通しを立てていた。むしろそれ故に彼は、警察としては簡単に処罰無しにはしにくいだろうから、性転換手術の適応の是非という本来事故原因とは全く無関係の問題にすり替えて、別の刑事事件にしていくのではないかという危惧を抱いてもいた。そのため、事故の調査にも積極的に応じ、性転換手術の進め方についても詳しく説明し、警察にできるだけ悪い印象を持たれないよう努め、何一つとして問題にされないよう配慮したのだった。

そのように彼は、捜査妨害と取られるような言動は一切慎み、捜査に全面協力するという態度に徹した。しかし、当初の予想と異なり、事故解明への判断材料や資料は十分あるにもかかわらず、警察の調査は異常に長く続くことになる――。

不可解な取り調べの始まり

死亡確認直後の二月二六日朝、耕治は搬送先の病院からそのまま所轄の天満警察署に連れていかれ、事情聴取を受ける。ご遺族にも天満署で面会し、その時点で確認できていた死亡事故にいたる経過を事情説明した。警察の調べが終わり次第また改めて今後のことについて話をしたいと頭を下げる。

その後も数回、事情聴取のために天満警察署に呼び出される。事故後、改めて自分なりに事故原因について書物、文献などをもとに考察し続けた。

三月一三日、天満警察署のN刑事に、事故原因についての意見書を提出する。

天満警察署　御中　「意見書」

患者さんの死亡原因についての私の見解

患者さんの手術自体についてはすべて順調に遂行されており、手順上のトラブルというものは何も考えられません。また麻酔の手順、投与薬剤の量、使用方法にも直接、死因に結びつくような異常も不手際も何もありません。患者さんは呼吸困難による低酸素症によって発生した心拍異常、心停止によって最終的に死亡されたわけですが、その原因は肺水腫と緊張性気胸（両側）です。緊張性気胸については、低酸素症の対策として行った陽圧補助呼吸（人工呼吸器あるいはバッグの手押し）の中で生じた可能性があります。（中略）

肺水腫については今の時点でも、確定的に言い切れる発生原因、理由というものはまだありません。検死等の原因調査の中で、何か死因と結びつくような事実が判明すれば、私にとってもありがたいと思っています。そうでなければ今回のこのような事故は私にとってふだんよく行っているあらゆる手術、あらゆる麻酔で、起こる可能性があり、今後絶対的に事故の発生を防いで、手術を行っていくことは不可能だということになってしまうからです。

手術中、患者さんに起こった異常の発端は、二回目の硬膜外麻酔薬注入直後の二二〇台の急な血圧上昇でありました（それまでは最高血圧一四〇〜一六〇）。そこから血中酸素濃度が上下しながらですが、少しずつ低下しはじめました。舌根沈下のような物理的気道閉塞ではなく、酸素を与えても血中酸素濃度が十分、上昇しない、肺原性か呼吸中枢（脳）性と思われる異常でした。その少しあと、痛みによると思われる体動を抑制するために、鎮痛剤ソセゴン一五mg、静脈麻酔薬ケタラール４ccが投与されていますが、これらの薬剤にも脳圧や血圧の上昇作用があります。

こうした血圧上昇が一定時間続く中で、肺胞血管への過度の負荷がかかり、肺胞機能の異常がその後、進行性に、拡大性に起こり始めたのではないか、と今は考えております。いわゆる麻酔時の合併症の一つとしても知られている「成人型呼吸窮迫症候群（ARDS）」という致命率の高い症状です。これは多くが原因不明で起こりますから、予防の方法はありません。起こった段階で早めに察知し、適切な対応を取るしか治療はありません。

（中略）

もちろん今まで述べてきたことは私の推論であり、今のところ真の原因はわかりません。死因解明には私は直接関与できないので、今後の当局の調査を待って、また別の原因の可能性があるのならば、私もまた考え直してみたいと思っています。原因究明は私の願いです。（中略）

医者になって二〇年、手術も麻酔も人一倍、慎重に注意して行ってきました。自分の不注意や無知や技術不足で医療事故を起こしたことはありませんでした。今回は私が終始、患者さんを目前に見ていて、他のドクターも、看護スタッフも三人全員が患者さんのまわりにいる中で、自分にできるだけのことをしながら、異常から患者さんを救うことができなかったことが悔しくてたまりません。たとえ私が裁きを受けることになっても、私

は原因究明を第一に切望します。その結果が私に不利か有利かは全く関係ありません。よろしくお願い申しあげます。以上

警察への失望

事故に関する調査はその後も続くが、ご遺族とは事故原因について警察の調査が済めば、それをもとに補償（損害賠償）を含めてまた話し合いの機会を持つことにしたいと、耕治は口頭で約束した。

しかし、なんら警察から事故原因についての新たな情報をもらうことはなく、耕治としては事故原因の解明のために当初より積極的に警察に協力してきたつもりであるが、警察の調査の主眼は純粋な事故原因の解明というよりは、この医療事故を刑事罰の対象にできるか、あるいはすべきか（たとえば遺族感情、世論などとの関係の観点から）というものであった。それゆえに犯罪者、被告人の立場になるかもしれない彼には、その後の調査途中の一切の情報（たとえば解剖所見など）が提供されることはないのだとわかった。死亡事故の翌日には終わっていた検死解剖の結果も、耕治が起訴されないかぎり、明らかにされることはないのだという法律

上の仕組みを今更のように知った。諸外国と違い医療事故が業務上過失致死罪として刑事責任を問われることが期待される傾向にある日本では、いくら医療当事者が真相解明を望んでも、警察からそのような協力を得ることは不可能なのだと耕治は失望した。

初めから業務上過失の有無の判断を第一の問題として扱う構えで動いている警察には、期待しても無駄である。そのことを警察の取り調べを受ける状況の中で耕治は否応なく思い知らされるのだった。

そうして次に天満署から連絡があったのは、事故から二年近く経ってからだった。N刑事から「やっと検死の結果が出て、その中で気になる事実もわかったが、原因についてまだ調べ直さなければならないことができたので、また近く先生に事情聴取を行う予定であり、そのつもりでいてほしい」と言われたが、具体的に検死で何がわかったのか、気になることとは何か、何も教えてもらうことはなかった。

その後、事故から二年を過ぎた二〇〇四年春くらいになって、突然、事故担当部署がそれまでの天満警察署から大阪府警本部捜査一課に変更されることになる。

またクリニック関係職員や耕治自身は、日々記憶も薄れていく中で、二年以上も前の当時の事故の詳細について何日も尋問されることになったのである。その後も取り調べは続き、耕治は二〇〇五年二月から六月までほぼ朝から晩まで毎週、計一七回の事情聴取を受けていた。

警察は局所麻酔薬の使用過多や搬送時期の遅れが業務上過失致死罪にあたるといい、しかし内容からいって、略式起訴で罰金刑で済むのではないかとほのめかしたという。

耕治の最大の関心事はあくまで事故原因の納得いく解明にあった。そのためにたとえ自分が有罪になるのはかまわない。事故原因について、自分なりには原因不詳の致命率の高い成人型呼吸窮迫症候群（ＡＲＤＳ）であり、実態としては急性の脳圧上昇やくも膜下出血などから派生する神経原性肺水腫であると考えていた。

症状に応じた救命処置は早期に十分行われており、結果的に搬送が遅れ、死亡に至ったものの、このＡＲＤＳと理解すべき急迫性の症状の進行をみれば、少し前に搬送しえたとしても症状の悪化を止められた可能性は、ＡＲＤＳの今日の致命率からしてさほど高いものではないと考えていた。ゆえに業務上過失で刑事責任を問われることはないと。

たしかに一定の搬送遅延はあったかもしれないが、自分しかこの特殊な手術のあとの治療責任をまっとうできる医師が現実にいない状況の中で、できるだけ手元で患者さんに治療を施したかったというのは許されないことだろうか。少なくとも、業務上過失致死として処断されることについては行き過ぎだと考えていた。

スタッフの証言

事故から二年以上も経ってから事情聴取が始まった時の、当時の心境を述べたスタッフの記録も見つかっている。

今回の事故は医療従事者として絶対わすれてはいけない事だから事故そのものの事は決してわすれないし、ご冥福を願っています。しかし事故の原因がわからない状況で今現在働かなくてはいけないし、他国の未熟なSC〔性転換〕の修正もしているため、OP〔手術〕の流れ的には患者さんに行った医療行為を今もしています。事故前からもともと医療行為を行うにあたり慎重、冷静に行っていて、今現在も更に厳重に注意した上で行っています。

二年前の医療行為で何か問題があったのならその直後に事件追及されていた方が、しっかりした記憶を持って事情聴取にのぞめましたが、二年もたった今、小さな事まで全て細かく説明しろといわれると自信がないです。こちらサイドで何かわかったミスや隠蔽行為みたいな事をしているのなら、ある意味その秘密を守る為、綿密に話を合わせたりするから逆にぴったり申し合わせたように、事故にかかわった人間の話が合うため信憑性があるかも知れませんが、ウチは逆に一切打ち合わせをしていないし、事故直後にはあれやこれや考えて精神的にきつい状態でしたし、当局で調べてもらっていたと思ってましたが、結果は出ていないとの事ですし。事故の真相がわからない今、内容の見解もむずかしいことを考えていたら本来の、冷静、慎重に従事する事すら全てに疑いをいだき逆に神経過敏になり過ぎ、精神的に状態が落ち着かなくなるので、事件追及の為の捜査に協力はしますが、二年もたった今、事情聴取される辛い立場に多少なり理解して頂きたいです。

事件早急真相解明して頂きたい気持ちは、加害者とされている人間もあります。もちろん被害者の遺族も同じ気持ちでしょうから、早く解決して欲しいです。と説明しましたら刑事さんが、捜査一課が調査する事になって、もう一度同じ事や細かい内情や色々しつこく聞くことになって、和田先生やスタッフに何回も来てもらう事になるし、事故の時の心情や今更みたいに細かい事や一応関係ないような内容も聞くけど、と。ただ僕たちは（常に二人は絶対取調室にいる）和田クリニックが性転換していた事を法律的にはダメでも（中略）悪い事をしていたと思っていないし、ただ解剖の結果がまだ出てなかったけど、もう少しあとで出ると言うことで、急遽、捜査一課に変わることになり、むずかしい問題もあるから天満署だけでは無理なんで捜査一課も入るってなっただけなんで、と。「TVで見たりしてるこわいイメージで考えないで。神経も高ぶらせて申し訳ないけど協力してくれないですか？　早く解決できるよう努めるし、それには事実確認しないといけないので二年経って辛い事を思い出させて悪いけど協力して」と言われて連日取り調べが続きました。

書類送検へ

ようやく警察が方針を示したのは、そんな日々が続き、事故から三年半も経った二〇〇五年六月一七日のことであった。

「性転換手術死亡で書類送検へ」『NHK』
「性転換：術後死亡で大阪市北区の執刀院長を近く書類送検」『毎日新聞』
「性転換手術で死亡立件へ　大阪府警　業過致死容疑、搬送遅れなど複合ミス」『産経新聞（大阪夕刊）』

「性転換手術後に急死、院長を書類送検へ　大阪府警」『朝日新聞（関西）』
「性転換手術で死亡、大阪のクリニック院長を書類送検へ」『日本経済新聞』
「性転換で男性死亡　院長を書類送検へ」『東京新聞』
「性転換で死亡、書類送検へ　大阪府警、業過致死容疑」『共同通信』
「性転換手術で死亡、大阪の形成外科院長を書類送検へ」『読売新聞』
「性転換手術の死亡事故で初の立件　『ヤミ手術』の落とし穴」『サンケイスポーツ』
「性転換手術で死亡、立件へ　過剰麻酔など過失重ね」『読売新聞』

記事の概要は「大阪府警は、『発生原因を局所麻酔薬の過量使用、死亡原因を搬送遅延にある』として、執刀した和田耕治院長を業務上過失致死容疑で書類送検する方針を固めた」というものだった。

その日、大阪市北区堂島にある、わだ形成クリニックの入り口ドアには、「マスコミの皆様へ」と題された手書きの貼り紙があった。

マスコミの皆様へ

平成一四年二月二六日に当院でありました医療事故に対し、三年余にわたる取調べの結果、本日六月一七日、麻酔の過剰投与などの「過失の競合」による業務上過失ということで、警察署から当院長が書類送検されました。

当院は事故直後から原因解明のため、診療録その他の情報提供を積極的に行い、捜査に協力してきましたが三年以上の年月をかけながら、警察は当院が最初から、事故の病態に一致せずありえないと主張していた麻酔内容、方法を主たる理由として業務上過失致死に問うという結論になったもようです。

この麻酔内容方法に関しては、安全性を確認し、長年にわたり現在も当院で行い続けているものであり、事故の原因となりうるようなものでは全くなく、当院としては、解剖所見でも明らかになったクモ膜下出血を起因とする急性呼吸窮迫症候群の発症を死亡原因としてとらえています。患者さんの異常に対し、当院は気道確保、気道挿管、人工呼吸などの必要な処置を適切に施し、救命に全力を尽くしましたが、残念ながら病態の急変に追いつかず、死亡するという事態に至ったものであります。

今後検察庁において起訴となるのか不起訴となるのかはわかりませんが、裁判となりましても、当院長は真の原因解明を求め、また事故との関わりについての当院なりの責任を明確にすべく、今後も真摯な姿勢で対応していく所存であります。

平成一七年六月一七日　わだ形成クリニック院長

暗闇の三年間――内面から追い詰められて

耕治は失望していた――。

四ヶ月続いた警察の事情聴取がやっと終わったのが六月一三日であった。一七日には新聞その他のマスコミにより、まだ書類送検されていないにもかかわらず、三年ぶりにまた大々的に報道され、その対応に忙殺されていた。大阪市保健所の立ち入り調査も再度受けることになった。事故原因については警察と耕治の見解は大きく異なるが、刑法や民法上の責任論とは別に、残念な結果になったこの医療事故に対し、彼に前向きに賠償を行う意志があることは以前から変わっていなかった。ただ遺族の感情の中にある、単にお金の問題だけでは終わらせたくないという気持ちに対し、どんな形で納得してもらえるかを考えて、事故原因については少しでも、より詳細な話ができるようになるまで待とうとしていただけである。

そのため原因解明に一歩でも近づきたく、耕治は当初から警察の調査には全面的に協力してきたのであるが、とうてい承服できない業務上過失致死容疑を彼に適用した警察にもうこれ以上協力しても何の真相解明にもならないことが十分わかった。あとは刑事裁判の審理の中で自分も含めた関係者たちが、この事故に対しそれぞれに納得いく結論が出せればそれで良いであろうと感じていた。

事故の翌日すぐに解剖が行われ、また当初から耕治のクリニックは積極的に調査に協力し、隠された情報など何もないのに、警察側の死因鑑定書が出来上がったのは事故から三年も経った二〇〇五年一月だった。警察は何とかして彼を業務上過失致死に問う結論を得るために動いただけのようである。そのため死因については何ら深く調べられていないままであった。

事実と異なる情報がまた勝手に流れてゆく。またしても世論の標的とされた耕治は、直接・間接の言葉の暴力に、じわじわと内面から追い詰められていくのだった。

その間、示談交渉も進めていたのだが、いっこうに進展のない調査のため大幅に長引くこととなった。

耕治はご遺族の弁護士とのやり取りのなかで、「ずるずると意図的に引きのばしを図っているように誤解されますでしょうが、私はそんな姑息な医師ではありません」とその捜査の遅々として進まぬやるせない気持ちを吐露している。

一方、顎の美容整形を受けた女性の死亡事故については、「刑事事件としない」とされ、事故から一年半後には女性の遺族との示談が成立していた。

報道陣との質疑応答

報道陣との対応に忙殺される日々のなか、耕治は断固として業務上過失致死とされたことを承服できないとし、記者たちのメール取材にも信念を貫いて返答に応じていた。

以下に、それらメール記録の質疑応答を抜粋してまとめたものを、四つの点に絞って掲載する。

1　府警の主張のように、麻酔の過剰投与によって呼吸抑制が生じたのか？

呼吸抑制は麻酔薬によって生じたものではありません。呼吸運動、換気量とも正常で、気道閉塞もなかった。発生した呼吸異常は血中酸素濃度の低下であり、それは肺胞の分泌物過剰による機能低下によるものであります。それは麻酔薬の使用や使用量とは関係がなく、術中に（手術や麻酔と直接の関係がなく）突然に発生した高血圧が起因となった神経原性肺水腫（成人型呼吸窮迫症候群ＡＲＤＳ）によるものだと当院は考えています。解剖所見にもそのような異常と関係深いと言われている「くも膜下出血」の所見がありながらも、そういう観点での調査をおろそかにし、間違った安易な結論に執着した警察の捜査態度は、難しい医学調査を避け、簡単に犯人に仕立てあげられる筋立て探しに終始した、ずさんなものとしか言いようがありません。

また当院は、異常の発生に対してすみやかに、気道確保、酸素補給、気管内挿管、気道分泌物吸引、気管洗浄、投薬治療などを施し、人工呼吸装置や用手バッグによる陽圧的補助呼吸による呼吸管理を行って病態の推移を見守りながら、転送の時期も考え、適切に救命処置をとってきました。結果的に救命できず転送後に死亡したのは、結果論であり、それが業務上過失致死にあたるとはまったく考えておりません。

２　異常（肺水腫の症状）発生後、直ちに転送措置をとらなかった点について

発生した異常に対し、当院が救命措置を何もしなかったかのような警察の決めつけは事実とまったく異なり、根拠のない風評被害さえもたらす許しがたい捏造であります。こ

のような警察の態度には、事故の原因究明に当初から積極的に協力してきた当院としては絶望的な憤りを覚えます。

このようなことでは、常に様々なリスクの中で懸命に医療活動している多くの医師達に、医療事故時の警察への捜査協力を躊躇せざるをえない不安な気持ちを抱かせることになりかねません。医療事故の真の原因解明や再発防止が進展せず、後向きの医療しか現場で行われなくなる不幸な結果を日本の医療にもたらすことになるだろうと思います。当院は有罪も覚悟で警察の捜査に積極的に協力してきました。間違った理由で断罪されることだけは、たとえ微罪であっても承知できるものではない。よって裁判になれば徹底して争うことになります。

3　麻酔医を雇わないのはなぜか?

私が行っているMTF-SRS（男性から女性への性転換手術）は基本的に全身麻酔は不要で、下半身のみの持続硬膜外麻酔法で十分であり、別に麻酔医の協力を得る必要はまったくありません。一般に硬膜外麻酔は外科医の方が上手いと言われており、とくに私は美容外科の脂肪吸引や豊胸手術の経験の中で、過去千数百例のたいへん多くの硬膜外麻酔を実施し、麻酔中の経過観察にも習熟しており、全脊麻などのトラブルは一度も起こしていません。硬膜外麻酔は無痛分娩などにも用いられるなど、もともと安全度が高い麻酔で、呼吸や血圧などをモニタリングしていれば長い時間の手術も十分に行えるものです。

万一呼吸系の緊急事態が起こっても当院では気管内挿管もすぐにできますし、全身麻酔器や人工呼吸器もありモニターも揃っていますから、設備的に不十分であったとはまったく思っておりません。もともとMTF-SRSは開腹するわけでもなく、手術になれていれば出血量も少なく、たくさんのスタッフや大規模な治療設備は不要なのです。当院はたしかに小規模な個人医院ですが、手術を行うのに必要な設備は十分に揃っています。

4　保健所からの指導後も性転換手術を継続し入院させているが、問題ないか？

入院の許可の問題は医療法上、避難路となる階段を二つ以上有しなければビル診の場合、有床診療所として認められないため、当院は確かに患者さんを休ませる安静室に対し、入院の許可を受けることができませんが、これは診療所内の設備というよりは避難階段という外の設備の問題であり、直接患者さんを管理する設備能力の問題ではありません。内部的な患者管理体制の機能は当院は十分に整っています。しかし、医療法上、有床の許可はおりないため保健所の指導後は、当院は一日程度で終わる手術のみを行うようにしており、性転換手術についてはカウンセリングや術後のケアが主で、手術や入院は現在、他院の有床診療所で行っております。

刑事と民事は別と言いながら

医療事故に対する業務上過失致死適用への危惧について、および警察の立場がいかに医療事故の真相解明に不適切かについて、耕治は自身の見解を記者とのメールで述べている。

もし仮に、裁判所が警察の見解に与するなら、我々医者は自分の担当した患者に自分で治療にあたる自信が一〇〇%に満たない場合はすぐ転院、転送しなければ、あるいはそうしても転院先で治療が成功しなければ、転送元医師はもっと早く転送すべきだったと業務上過失を問われることになりはしないだろうか？　生命リスクそのものを取り扱う立場にたたされていながら、現実には事実上の限界のある治療しか行えないのが、多くの個々の医師の立場であるが、それ自体が常に刑事罰リスクと隣合わせというのでは果たして医療は成り立つのだろうか？　なぜ欧米で、医療事故から原則的に刑事免責されているかといえば、刑事犯作りじゃなく、真の原因解明、再発防止策を見つけることの方が医療では患者と医師のために重要だと認識されているからです。被害者救済は別の次元で語られるべき問題でしょう。

日本では民事と刑事は別と言いながら、ことに医療事故では、民事が先行して解決していると、被害者の処罰を望む感情が薄いとかの理由で、不問にされたり、逆に民事が難航していると、簡単に刑事起訴されて、医療側被告を追い詰める傾向があります。刑事の民事不介入と言いながら実態は民事を横目で睨みながら、進んでいます。そのことからも警察がいかに医療事故の真相解明に不適切、無関心な立場にあることかは明白です。

当院が事故後二年以上も、ご遺族から民事提訴のための資料請求を受けなかったのは、当初話していたように事故の原因がわかってから話しましょうと理解していたからだと思います。とりあえず事故後三年半たって警察は取り調べを終え、私を業務上過失致死で書類送検しました。罪状には一つも納得いきませんが、警察に反論する私の見解と、それとは別の私なりの反省や後悔の念の心情を理解していただければ、実のある民事的解決はそう遠くない日に実現したいと個人的には考えています。

（記者とのメールより）

このように事故に対する判断材料や資料は十分あるにもかかわらず、警察の捜査は異常に長く続いた。耕治は心身ともにボロボロになってしまった。警察は何とかして彼を業務上過失致死の犯人にする結論を得るために働いていただけのようだった。

こんな残酷な日々の中でも患者さんのために、その光が途絶えないように尽力しながら、警察ともたった一人で闘い、医師として信念を貫き通していた。

不起訴

大阪地検が最終的に結論を出したのは、送検から九ヶ月も経ってからのことだった。不起訴処分（起訴猶予）であった。

地検は「過失の程度が極めて重大とはいえず、反省している。示談が成立しており、被害者側の意向も考慮した」としている。

真相は未解決のままだった。

その日——二〇〇六年三月三一日は、くしくも公式なガイドライン（性同一性障害に関する診断と治療のガイドライン）が、第三版に更新された日でもあった。奇妙な偶然である。

東京で新たなクリニック

いつとも知れぬ事件解決を待っている間も、耕治のSRS（性転換手術）を切望する声は絶えなかった。

死亡事故の報道以来、性同一性障害という病気で苦しむ人たちの未来が閉ざされてしまわないように、言い換えれば性転換手術が闇に葬られないように、つまり性転換手術の是非という本来の事故原因とは無関係の問題にならないように、耕治は警察の捜査に全面協力をしてきた。待ちきれない患者たちのために、耕治は信念のもと動いた。

二〇〇三年一月。東京の知人医師の協力を得て、荻窪に新たな診療所LCクリニックを開院し、SRSを再開したのである。入院許可も取得していた。

彼は当初、初めの報道から一年くらいで原因解明に至るだろうと考えていたが、警察の結論はいつまで経っても出ず、また大阪市保健所の指導を受けたことで大阪・わだ形成クリニックでのＳＲＳは、一時中断せざるをえなくなっていたのである。また報道されて以来、銀行からは融資の引き揚げを迫られたり、取引業者にも医療用品や商品の取引などを突然中止されたりと苦難が続き、精神的に追い詰められていくのだった。

性転換手術の是非は問われず

実は当時、私が性転換手術をしていることはすでに大阪の一部の所轄警察署では知られており、それに対して何も問い合わせを受けるようなことはなく、実際上この治療を進める上での心配事にはもう少しもなっていませんでした。

今回の容疑も性転換手術の是非を問われたわけではない。かつてのブルーボーイ事件では問題とされた優生保護法（現在の母体保護法）を掲げた論議はされていないのだった。耕治もそこは皮肉をこめて認めている――「ただ警察（検察）が、母体保護法違反までどうというようなバカげたことはしなかったことだけは評価しています」

この四年間は、長く辛い時期に違いなかったが、耕治は学ぶことも多く、またこの国の性転換手術の未来についても、明るい兆しが見えてきたと感じたようだ。

事故の原因理由については実は真実の解明が今もされていません。警察、検察が四年もかけて業務上過失致死の刑事事件として起訴にもっていけなかった事情や理由が色々とあることを私の口から説明していけるだけです。それで納得がいくかどうかは読まれる方一人一人が判断してください。ただ私は、この私にとっても患者さんにとっても不幸な医療事故を刑事事件として扱われた体験を通じて、色々なことを学び、多くの困難を背負うことにもなりましたが、良いことも得られました。事故当初の私の危惧と違い、私の性転換治療が警察、検察には結局全く問題にされなかったことです。実はこの点からも徹底した調査が行われ、事故事例においても他のカルテ提出した多くの事例についても、私の性転換手術治療自体に関しては何も問題にされませんでした。

真実とはかけ離れた噂が飛び交い誹謗中傷が続く中、彼を信頼している多くの患者さんが彼を懸命に擁護した。警察の捜査のため発言できない耕治にとっては、励まされ心強かったことだろう。彼は励ましの手紙を大切に保管していた。

しかし、四年にもわたり振り回され続けた耕治の心と身体は、もはや癒えることはなかった。

公美子回想 5

思えばその一連の報道はテレビでも見ていましたし、現実のことなんだろうかという思いでした。最初は（大丈夫かな？）程度の心配が、一向に解決しない長い月日の中で、いつしか（死なないでほしい）と彼の「命」を心配する日々に変わっていったように思います。

わたしは「テレビの取材はノーコメントで通してください」と話しました。なぜなら彼はとても人柄が優しいので、なんでもリップサービスで楽しく話すくせがあったからです。ねじ曲がって伝えられたら大変だと思ったのです。

幸いにも、その後マスコミに姿を撮られたり見せたりすることはありませんでした。

今考えてみれば最初の報道の波紋は、単に「性転換手術後に死亡」という「性転換」の文字のショッキングさゆえのことだけだったのかもしれません。その時は書類送検さえされていませんでした。息子も父親を大変心配していました。あとから聞いた話ですが「俺は大丈夫だから自分の心配をしろ」と言われたそうです。

その時にはわたしたちは離婚をしていましたので、東京の自宅には取材は来ませんでした。

わたしが彼と最後に会ったのは、彼が死去する三ヶ月前のお義母さまのお葬式でした。

わたしたちは火葬場に向かうバスの中でたわいのない話をしましたが、彼には全く覇気が感じられませんでした。もちろん、母親のお葬式でしたし、悲しみはわかります。

実はこれはあとから看護師さんから聞いたのですが、彼の遺品の中には数多くの観音様やマリア様の絵といった仏様や神様にまつわるものが沢山ありました。彼はある歌手から「川崎に凄く当たる霊媒師がいるから、みてもらったらいい」と言われアドバイスを受けに行ったそうです。よほど追い詰められていたのでしょう。彼はその霊媒師から「何もみえない」と言われ、とてもショックを受けていたと聞きました。「何もみえない」とは、希望も何もない終わりを告げているようではありませんか。憔悴しきっている本人を前にして言うことでしょうか。

彼が亡くなる一年くらい前からは、わたしも息子たちも「いつまでも俺が生きているとは思うなよ、俺はそんなに長くない、自分で生きていけるように頑張ってくれよ」と言われ続けていました。

今こうして書いているわたしですが、もっと早く彼を救ってあげることはできなかったのかという後悔と懺悔の念で心はいっぱいになるのです。精神的に追い詰められていったその当時の彼の苦しさを思うと、地獄のようで涙さえ涸れてしまうのです。

医療業界に身を置く人までが無責任なコメントを寄せていました。彼の死後までも。

同じ外科分野でも実情は何も知らないのに、某外科胃腸科病院院長、I氏は「美容整形外科医の中には麻酔に対する考えが甘い人も多い。性転換手術自体は難しいものではないが、きちんとした病院で手術を受けないと大きなトラブルのもとになる」(『スポーツ報知』二〇〇二年四月三日号)なんてよく言えたものです。

医事評論家、N氏の「男性器や女性器を作る手術は高度な技術と専門の施設が必要だし、最低二、三人の医師と麻酔医、看護師がつくものです。だから今回のように、医師がたった一人で手術をしたと聞いた時は呆れて物も言えませんでした」(『週刊新潮』二〇〇二年四月一八日号)との発言。これもやはり全く内情を知らない人の話です。

また、彼の死後の報道の中では同じ分野に携わる関係者までもが「ヤミ診療」という言葉を使っています。

「国内で公に手術ができるのは当院も含めて四カ所だけで、初診が半年待ち、手術までに数年待ちの病院もあり、海外やヤミ診療に流れる患者も多い。和田氏はそのヤミ診療の第一人者。正統派の医師が保身だけを考えていたのに対し、和田氏は五百例ぐらいの手術を手掛けて、目の前の患者の希望を叶えた。そのスタンスは尊敬しています」（『週刊文春』二〇〇九年六月四日号）

　褒めているのか、けなしているのか、わからないコメントですが、彼のことを「ヤミ診療の第一人者」と称するとはいかがなものでしょうか？　どのような分野であっても、道を拓くのは並大抵の人にはできません。

　取材に答えた言葉が書かれた通りだとしたら強い憤りを感じます。

　報道に関しては色々思うところはありますが、どんな取材でも彼は真摯に記者に答えており、そのやりとりのメールもたくさん見つかっています。その内容から記者にも彼の人柄やその医師としての信念を理解していただいているようでした。

　一般週刊誌でもいくつか取り上げられました。そのうちの一つを引用します。

「大阪の美容形成クリニックで性転換手術を受けた三五歳のサラリーマンが急死した。しかし業務上過失致死罪の容疑で調べられた形成外科医（五〇）は、意外や、性同一性障害で悩む患者達から〝赤ひげ先生〟と慕われる人気者だった」（『週刊新潮』二〇〇二年四月一八日号）

第11章　医療機関への憂慮と希望

苦言、美容形成外科医へ

耕治は、性転換手術に関わった者として言う――。

最近は形成外科や美容外科が医学生に人気なようですが、いったい何を考えてんでしょうか。正統派の多くの医師達は性転換手術を無視し、性同一性障害を三〇年間も見捨て続け、やっと一〇年前に始まった〔このブログ記事は二〇〇六年公開〕大学の精神科・外科の性同治療もこの一〇年間で、目の前にいる患者たちにどれだけのことをしてくれたでしょうか。何一つ評価しないと言うつもりはありません。

しかし一〇年も経っているのにまだこれだけなのかという患者たちの悲鳴、初診まで半年〜一年、手術まで三〜五年という非効率な診療実態は、いったい誰に責任があるのでしょうか。治療が治療の体をなしてないのに、定められたガイドラインにどれだけの重要性があるでしょうか。

すべて医者が医者の義務を果たさず、特に外科医が性同を理解できず、トラブルを恐れ、手術に対し消極的なままやってきたことが諸悪の根元なのです。

患者不在の医療

また、日本の公的医療機関が、GID（性同一性障害）治療、SRS（性転換手術）に取り組み始めたものの、その後の進展の遅延ぶりを耕治は憂えている。

現在の法律にもまだ色々な問題がありますが、それより一番大きな問題は一九九八年以降埼玉医大、岡山医大などがSRSに取り組みはじめたもののまだ全国の患者の治療の希望にはまったく応えられてなく、不当に治療を遅延され、まだ多くの患者さんが外国へいかざるをえない実情にあるということです。

すでに戸籍特例法が施行され、性別変更の要件としてSRSを済ませなくてはならないのに国内ではその手術を受ける手続きがたいへん煩雑で実質受けられないのと同じという現状は特例法の成立した意味をも台無しにしている、まったく患者不在の医療でしかないと思います。

精神科的に診断され、治療や手術の必要が、この治療に関わる専門医師たちによって判断されたら、患者さん本位に積極的に治療が進められていくべきです。とくに手術はただ行えば良いというものではなく、より良い結果が望まれます。そのためには外科医には経験の積み重ねが必要で、国内でも受けられるが、できが悪くて高いだけというのでは、患者さんは結局外国へ手術を求めて行くわけで、それではいつまでたっても日本のSRS治療は進歩しませんし、結局は患者さんの利益にもつながりません。

私は表だってSRSをやれば、必ずこの国では現状のように患者さん本位に事態が進みにくいとわかっていましたから、ある程度の問題があることを承知で独自の方針でやってきました。はじめの頃は妨害や脅しも多くありましたが、一九九八年以降、国内の大学でSRSの実施が検討されるようになると、そういったこともなくなり、大学が取り組み始めた意義を深く感謝していましたが、しかしその後のあまりの治療の進展の遅延ぶりには患者不在の念を禁じ得ません。（書類送検報道時、記者とのメール）

治療のあり方、医療機関とのつながり

公的な治療のあり方に憂慮を示しながらも、あの不幸な事故の後も、耕治は着々と目の前の悩める人たちを救い続け、自身の技法にもますます磨きをかけていった。また、大学や各医療機関とのつながりもできつつあった。

こうして今まで二〇〇〇人近いＧＩＤの人たちと治療を通じて関わってきました。当然ＧＩＤ治療は基本的にカウンセリング診断、ホルモン療法、手術と進みますが、具体的な内容や進め具合は患者さんによって異なります。一言でＧＩＤといっても様々で、当然治療の進め方も人それぞれで異なるのです。

私は診断からすべてに責任をもって基本的に一人で治療を計画し、進めていきますが、患者さんによっては治療を拒否したり、精神科の診断を求めたり、ＳＲＳに早く進むこ

ともあれば、何年もかかることも当然あります。
ＳＲＳに関しては、施設は技術の面からＭＴＦにしか行ってませんが、ＧＩＤの治療のため現在は大学その他の医療機関から患者さんの紹介を受けたり、手術の技術指導を依頼されたり、また当院からＳＲＳ後の患者さんの戸籍特例法による性別変更申請のための診断書作成を大学に依頼したりなど、だんだんと各医療機関との繋がりもできつつあります。

（書類送検報道時、記者とのメール）

動向

耕治の執刀したＭＴＦ‐ＳＲＳは、この頃三〇〇例を超えていた。造膣《ぞうちつ》技術も相変わらず研究を重ね、二〇〇四年バージョンのマイナーチェンジ版である二〇〇五年バージョンが完成していた。

また世の動きを見れば、二〇〇一年にはテレビドラマ「金八先生」で性同一性障害を取り上げた回が放映され、話題となった。また性同一性障害をもつ人たちが表立った活動を見せていた。二〇〇二年三月、競艇の安藤大将（旧名：安藤千夏）選手が性同一性障害を公表し、女子から男子に選手登録を変更。六月には、女装での出勤を理由に懲戒解雇された性同一性障害の従業員が裁判で勝訴、解雇は無効となった。また二〇〇三年には性転換手術を受けたことを公表し当選した日本初となる議員（世田谷区議、上川あや議員）も誕生し、さらに同年七月には性同一性障害者特例法が成立し翌年七月に施行となった。すでに一九七二年に性転換済みだったカルーセル麻紀も、ここにきて晴れて戸籍上の性別を変更できた。

遅々としてではあるが、日本もようやくこの分野に門戸を開き始めたと耕治は実感するのだった。おりを見て、何か発表できる機会をうかがっていた。そこへある招待を受ける。

未来への希望

先日大阪で、関西ＧＩＤネットワーク第一回会合が開かれ、大阪医大の康教授に参加を促されましたので、私もやっと重い腰を上げてパネラーとして末席を汚させていただくことになりました。

もともとＭＴＦ‐ＳＲＳの手術症例が二〇〇例を超えた頃から、耕治は何らかの機会があれば、そろそろＧＩＤの治療に関わる医療関係者との横のつながりを作っていきたいと考えていた。

参加者の先生たちは、すでによく知っている人ばかりだった。とは言っても、みな初対面である。患者を介した間接的なつながりで名前だけはよく聞こえていたのだ。

この機会に何か発表を、と頼まれていたので、手術説明用のスライドを二種類用意して行った。

出席していた医療関係者は精神科が多く、外科系の先生はほとんどいなかった。ほかには一般の参加者もそこそこいたので、発表はわかりやすいようにと、ＭＴＦ‐ＳＲＳ手術（最新の和田式）の解説用の簡略的なスライドの方だけを用いた。

壇上は慣れないものだったが、耕治には日本で唯一開業医として長く本格的なＭＴＦ‐ＳＲＳに携わってきた自負がある。堂々と持論を展開した。手応えは感じた。自分の発表が終わると、精神科医たちの見解に興味深く聞き入った。

各大学でのＧＩＤ医療の取り組みの現況についての発表は、色んな意味で考えさせられる興味深いものでした。

私は、精神科の先生方にとっては、ＧＩＤの問題は鬱病や統失〔統合失調症〕のように精神科的な治療手段がないし、厄介なだけで本心ではあまり興味を持っていないのではないかと思っていたのですが、少なくとも関西地区の先生方は非常に熱心に取り組んでおられ、敬服しました。本当に過激なくらい真剣で、びっくりしました。次々とガイドラインが改訂されていく事情もわかりました。（中略）ＧＩＤ医療が遅々として進展しないのは他科、とりわけ外科系の体制がうまく整っていないことにあると痛感しました。逆に言うと、外科の対応がうまくいくようになれば、飛躍的に進展する可能性が大きいとも言えます。精神科の先生方はいつでもそれに協力的に対応できる準備ができそうです。たしかにそれにはまだ何にしても数年はかかると思いますが、少なくとも希望の見える状況なわけです。

精神科の先生方から大歓迎を受け、耕治はまた打ち上げ会でもＧＩＤ問題について、より突っ込んだ話をすることもできた。「私としては大変良い機会を持てました」と彼は満足した様子でブログに書き残している。

必ずあと数年で関西はＧＩＤ医療の日本の中心になると断言できます。その動きを後押しする力の一つに私もようやくなれそうで、今まであえて孤立して頑張ってきたこともけっして無駄ではなかったと感慨深いものがありました。

私は自分をガイドラインでは解決できないＧＩＤ問題の現実の負の部分に関わっていく役目と考えていて、このように先走る医者が表の動きに関わるのはハタ迷惑なのではないかと思って遠慮していたのですが、実際にＧＩＤ医療の現場に携わっている先生方はすでにこの問題の本質的な重要部分にも気づかれていて、話が通じあえて大変良かったです。見通しは意外に悪くないですよ。

第12章 神に感謝

例外――患者の気持ちを優先

「先日のこと」と題されたブログが、耕治にとって最後の更新となった。

以後、その死までおよそ一〇ヶ月のあいだ更新されることはなかった。

直接沈黙に関係があったのかは定かではないが、少し前に東京で手掛けた性転換手術の患者（ＭＴＦ）のことで感慨深いものがあったという。

その患者のことは、もう七年も前から知っていた。

長い間、普通に男性として社会生活を送ってきていたが、ある時からもう男でいることに耐えきれなくなり、女装を始めた。しばらくは気持ちが落ち着いていたが、まもなく女装だけでは満足ができなくなった。それから数年悩んだすえ、外科治療を求めて耕治のもとにやってきたのだった。

美人というわけではないですが顔も女顔で、普段の会話の声も高めで女性的で、ふつうに女性として見ても、少し太めのおばちゃんのような感じで、不自然さはほとんどなく、本人の性転換したいという気持ちも素直に理解できました。

当時は下町のゲイバーに少し勤めていて、限界はある中でも、男だった昔と比べればずっと自分らしく自然に生活している様子でした。

男として生まれた身体をできるだけ女らしくしたい、という本人の望みも可能な限り受け入れて叶えてあげたい。が、その患者には残念ながら重度の腎不全があった。週に三回、人工透析に通わなければいけない障害を持っていたのである。

当時は、耕治の標準的なMTF性転換手術をするには、最低でも四、五日の入院が必要であり、人工透析を受けている人は他に身体的には何の問題がなくても透析設備のある病院でなければ不可能であった。

相談の結果、手術に関しては、除睾《じょこう》術と豊胸手術までにしておくしかないという結論になった。もちろん慢性的な貧血のある身体では、豊胸手術自体かなり危険ではある。しかし色々と安全対策を整えて実施すれば、何とかやれるのではないかと計画した。

カウンセリングも綿密に行い、万全を期して手術の計画を立てた。

大阪のわだ形成クリニックに来てもらって一日入院の後、大胸筋下の人工乳腺埋入手術を実施した。一九九九年のことである。幸い豊胸手術は何とか無事に終わり、結果も良好な状態に仕上がってくれた。

もちろん何らかの身体的問題があれば、緊急性がないと思われる美容整形のような手術は一切行うべきでないという考え方も当然あるかと思いますが、差し迫った必要性がないと判断できるのはそう考える人が当事者でないからであり、患者本人にとっては美容手術だろうと性転換手術であろうと十分に重大な必要のある問題なわけです。その気持ちがわかるからこそ、一歩間違えば事故が起こり、場合によっては刑事事件になるかもしれないとわかっていても、私としてはただ自分の保身だけを考えたくなくて、患者本人の立場や気持ちを考慮して、ケースバイケースで、今まで応じてきたわけです。

一度かかわった患者には最後まで

そんなことまでしていると、いつか事故や事件が起こって大変なことになるよと医者仲間には言われますが、これが私の医者としての性分なのですから仕方ありません。保身だけを考えるならはじめから性転換手術などに手をつけていません。

美容外科医のくせに変な奴だと言われるのもしょうがないことだった。たしかに安定を求めるならば、権威に笑顔を振りまき、横のつながりを広げていけば、将来の地位が保証されることだろう。しかし保身のためだからといって、法律が許さないからといって、一人の悩める人間を見て見ぬふりをするわけにはいかない。できない性分なのだった。決して人の道に反してはいない。人間が決めた「法」に反することはあっても、法というものは時代によっても、地域・文化によっても様々に変化するものであり、肝腎な点は人間として自分の心に正直であるか否かである。

この男性（ＭＴＦ）の豊胸手術は、重度の腎不全がありながらも何とか事なきを得たが、豊胸手術自体が通常の女性に施すのとは異なり難点が多いと耕治は言う。

言っておきますが、世間の美容外科医には豊胸手術なんて剝離して入れるだけだろ、簡単じゃんと言われるかもしれませんが、豊胸手術、特に大胸筋下の豊胸手術で簡単なのは個人差もありますが、せいぜい一八〇ccまでであり、ニューハーフのような男性がもともと貧乳のくせに巨乳を望む場合、筋肉の剝離の難しさもあって、出血も多量になることがしばしばあり、それほど簡単じゃないのです。ましてや重大な余病を抱えているわけですから、手術も術後も私としてはかなり緊張し、びくびくなわけです。でも幸いなことに事なきを得て何とか無事に終わったということなのです。

それから何年も経ち、しばらくその患者と会うことはなかった。もちろん忘れることはない。耕治は一度かかわった患者には、最後まで責任を持って診るという医師としての信条があった。そこへ、とある懇意の先生から性転換手術をしてあげてくれないかと紹介があった。耕治は二つ返事で引き受ける。まもなくしてその患者は彼の所に相談に訪れることになった。今回は、設備を利用させてもらっている東京のクリニックでカウンセリングをすることになった。名前を聞くと、どこか聞き覚えがある。何年も前に豊胸手術をしたあの患者だとすぐに思い出した。しかしこれは困ったことになったと耕治は思い悩む。

元々私の患者さんなのですから、別にほかの先生の紹介がなくても直接私に相談を申し込めます。患者さんがそうしなかったのは、何年も前に私に性転換手術は無理だと断られたこと、そしてそれならばほとんど入院も要らない造膣なしの「ぶつ切り手術」ならばできるのではないかと、ある先生に相談に行かれたという次第なのです。しかし、その先生が色々な事情から私を紹介したので、再び私のところに来ることになったわけです。

実際、あれから七年も経っていることだから、耕治としてもその患者の身体の状態が今はどうなっているのか、直接会って確かめたくもあった。もともと普通に健康だったら手術に何ら支障はないケースだったから、今の状態によっては希望を叶えてあげられるかもしれないと、性転換手術の再相談に応じることにした。しぜん、話は現在の健康状態のことが中心になったのだが――「しかし病状はやはり深刻な状態でした」。

さらに悪いことに、今回、その患者は新たに重大な余病も抱えていた。

しかし死ぬ前に何とか望みを叶えたいという本人の強い気持ちは、耕治には痛いほどわかった。切実な願いは、この患者に限ったことではない。耕治はこれまで、数えきれないほど嘆願されてきていた。

そういった人たちは身体だけみれば健康な状態だった。ほとんどの患者はいつもの手順で手術を行えば問題はない。しかし今回のこの患者は、重病を抱えていたため、より慎重に取り組まなければならなかった。

明らかに前回より難易度が上がっていた。しかし、耕治の性転換手術の技法も二〇〇三年頃から如実に発展し、入院期間も最短二日にまで短縮できるように進化していた。

なんとしても最短の二日の入院で済ませねばならない。それで退院後すぐに透析に直行すれば、腎不全対策は取れる。あとは腎不全の患者に多い慢性貧血や高血圧の問題をどうするかだった。しかし現実的に考えれば、貧血ではやはり通常の性転換手術をするにはかなり危険がある。場合によっては輸血も必要なくらいに深刻な状態だった。

色々と相談し、出血を最小限にしなければ安全に手術はできません、だからいちばん出血をする造膣術は一応タイ並み（一〇㎝程度）は保証しますが、それ以上は無理かもしれませんと念を押し、さらに新しく抱えこんだ病気の担当医の助言も得て、ついに患者さんの長い念願だった性転換手術を引き受けることになったのです。我ながら呆れます。しかし私もスタッフも不安は消えません。やっと医療事故の刑事事件が解決したばかりなのに、もしまた事故でも起こったら大変なことになるし、重大な病気を抱えている患者に性転換手術を行うとは！（中略）〔とんでもない〕医者だと世間になじられるかもしれません。そこまでして金儲けしたいのかと悪口を言う輩もいるでしょう。

実は、この患者の場合は手術費用もかなり下げていた。定職がないことと、標準手術ができる保証がないことなどが定額の料金を請求しにくかった理由だった。本来、耕治の独自のガイドラインでは、無職で自立できない（しようと努力していない）人の性転換手術には応じない方針だったのだが、特別な事情を鑑み、何よりも胸を打たれるものがあり、引き受けることにしたのだった。

この人の場合は病気の問題を抱えていて働きたくても限界があること、無事に手術さえ終えればあとは今までどおりの生活を十分続けられること、そして何より人生死ぬ前の最後の望みを叶えてあげたいという私の気持ちが優先して、危険も覚悟で例外的に応じることにしたのです。実際、手術時は緊張し続けてました。

血圧は高く軽く二〇〇を越えてるし、でも出血は最小限にしなければいけないし、しかしやる以上は最良の結果を残したいし、私だけでなくスタッフもたいへんだったと思います。

幸い手術はさほどの出血もなく、造膣も標準程度（一四〜五cm）にまででき、確かに術後には色々と特異的な異常があり苦慮させられましたが、何とか無事に一日の入院で、透析病院に送り届けることができました。神様に感謝です。

終章　燃え尽きて

常に僕は完全であろうと藻掻《もが》き、全てを瓦解させてしまった。

（和田耕治、昭和五〇年頃、予備校時代のノートより）

天命

耕治は精神科医の権威の方々とも知己となり、これからのＧＩＤやＳＲＳ治療の向上へ向けて、外科と精神科との架け橋的な存在となるべく奮闘していきたかったのだが、それにもかかわらず、もはや賠償金返済のためだけのような多忙なスケジュールが容赦なく畳み掛けてくる現実があり、ストレスと不眠が続いていくのであった。

自分を見失いかけ、憔悴しきっていた矢先、さらなる絶望が耕治を襲う。

母、綾子《りょうこ》が他界した。癌であったが、耕治がお金の大半を出して最新施設の快適な病院へ入院させていたという。姉から、苦しまずに亡くなったと聞いて安堵した。母の葬儀の時は久しぶりにみんなと再会したが、母を失った悲しみもさることながら、耕治の憔悴しきった様子は、親族、兄弟の誰が見ても一目瞭然だった。人目もはばからず耕治は泣いていた。

母親には少年時代は迷惑をかけたが、大人になってからは母親こそは心のよりどころなのだと改めて実感し、連絡も頻繁に入れるようになった。もう何年も前のことであるが、温泉好きの母が心臓の手術痕を他人に見られたくないと、大好きだった温泉に行かなくなっていた。耕治はその痕を形成外科で培った技術で、ほとんどわからないように綺麗にしてあげた。母のうれしそうによろこぶ顔を見て、耕治はようやく親孝行できている自分が誇らしくもあった。お小遣いもあげた。両親には郷里の熊本に家をプレゼントしている。新婚時代を過ごした奄美大島へ、母が常々行きたいと言っていたので旅行もプレゼントした。まだまだできることはしてあげたい。いつも励ましてくれたから。

でも、もうそんな母はいない。

見渡すかぎりの闇――。

やがて一筋の光の道の先から、母、綾子の呼ぶ声がかすかに聞こえてきた。

「耕治、ようがんばったね……」

母の笑顔は、あたたかかった。こんなふうに思ったのはいつ以来のことだろう。母のほほえみが、ゆるやかに、やわらかに視界いっぱいに引き伸ばされてゆく。やがて光となり、耕治をあたたかくつつみこんでいった――。


ある朝、看護師が診察室で倒れている耕治を発見する。

母の死からわずか三ヶ月後のことであった。


二〇〇七年五月二二日逝去。五三歳の若さであった。

彼が生涯に手掛けた性転換手術は、六〇〇例以上に達していた。

医院の入居するビルの管理室に、ニューハーフたちの花束が途切れることはなかった。

長いあとがき

　本書は、倉庫に眠る膨大な資料や記録をもとに推敲を重ねて書き上げたものです。執筆している間には、わたしがかつてメモで書いていた「信念」という文字が立ち上がっていたり、重要な記録のある場所について目覚めとともに啓示があり、そこを開けると謎が解明されたりと不思議なことが色々ありました。また本文にも記載しましたが、耕治さんの祖父にあたる兵太郎が描き上げた不思議な絵から、たくさん力をいただいたような気がします。

「性転換手術」という言葉から、人はどのようなイメージを持つのでしょうか。

　わたしは今はこう思います。

「性同一性障害の患者さんが本来の自分になれる願いを叶えてあげる手術」

　そんな数えきれないほどの患者さんの希望を叶えてあげた耕治さんを誇りに思います。

　彼の死後のことに少し触れ、また死後にもたくさん届けられた手紙の中から一通紹介させていただきます。最後に、今だから言える長男・次男によるエピソードも付記して「あとがき」に代えさせていただきます。

あの日

わたしは息子に関わる用事を終えてＬＡから日本へ向かっていました。

成田につきタラップを降りて携帯の電源を入れた瞬間、見知らぬ番号があふれ出したのです。

嫌な胸騒ぎがしました。すぐに息子に電話をするもつながりません。

電話が鳴りました。お義姉さまからでした。

「公美子さん!?　耕治が死んだ」

「えっ」

頭が一瞬まっしろになりました。

わたしは自宅に戻らずそのまま大阪へ向かいました。

遺体の安置室に彼が横たわっていました。

「親父！」「親父!!」

息子たちが遺体にすがって泣きじゃくっていました。

「かあさん！　親父死んじゃったよ！」

彼の表情は今でも頭にやきついています。

麻酔用のマスクの跡がかすかに口のまわりに残っていました。その表情は穏やかでまるで眠っているようでした。

三ヶ月前に旅立ったお義母さまが手招きして「耕治いらっしゃい、よう頑張ったね」と連れて行ったのだと確信しました。

麻酔の失敗は一度もしたことのない彼が、その麻酔なくしては眠りにつけなかったほど辛かったのだと思います。

自殺だったのではないか？

色々な憶測が飛び交いましたが、彼にしかわからないことです。

密葬

告別式は大阪市内の葬儀場で親族関係者のみで、しめやかに執り行われました。

親族は前日から近くのホテルに宿泊、お義兄様と息子たちは一睡もせず何かから耕治さんを守るかのように葬儀場に泊まりました。

実は、またたく間に耕治さんが死んだことがニューハーフ界を中心に広がり、告別式はどこでするのか？　などの問い合わせが大阪中の葬儀会場に殺到したのです。

わたしたちが使わせていただいた葬儀場でも問い合わせの電話が鳴りやまなかったそうですが、今思うとなんとか無事に行えたことが奇跡のようです。

わたしは告別式で初めて涙が出ました。「耕治さんごめんなさい」とすがって泣きました。

耕治さんの兄弟はじめ、みんなで彼の人柄や医者として全うした人生、その功績を僧侶に伝え、彼にふさわしい「医」が入った立派な戒名が与えられました。

次の日、耕治さんの遺骨と位牌は、息子たちによって無事に東京の自宅へと戻ったのです。

死後届いた手紙

お悔やみ申し上げます。

この二、三日、信じられない思いです。まさか、和田先生がお亡くなりになった、なんて、まだ若くていらっしゃって、元気でご活躍なさっておいでしたのに、まだ本当だとは信じられず、何と申して良いのやら、言葉に詰まります。お話しを聞いても最初は何かの間違いか、と思って信じておりませんでした。先生は沢山の方々の希望の星でした。沢山の方々に、夢と明日への希望と人生への意欲を与えて下さった偉大な方です。わたくし個人も、知り合ってからは短い間でありますが、働く為の希望と将来の夢を与えて下さったのです。同封の手紙は、この夏、又お世話になろうと思って、あらかじめ書いておいたものです。それを出すのを忘れておりました。予約の時期が近づいたので、電話を掛けようと思い、整理していたら、まだお手紙を出していない事に気が付いたのです。それで急いで電話お掛けしたのですが間に合いませんでした。まさか、この様になっていたなんて……。何か目の前が真っ暗になった様な思いです。その時の気持を書いたものです。

今後、もし許されるのでしたら、和田先生のお心を継いで下さる方が現れて下さって、和田先生の志を、和田先生を今まで沢山の皆々様が、お慕い申し上げた様に、又、再び、不死鳥の様に蘇る事をお願い致します。そして、皆々様の希望を絶やす事なく、つづけて下されば、ありがたく思います。それは、わたくし唯一人のお願いや希望でなく、一重に、今までお世話になって来た方々、今まさにお世話になっていらっしゃる方々の沢山の方々の願いと思います。

平成一九年六月

お墓

耕治さんは次男でしたのでお墓は別に作らなくてはならないのですが、お墓は買ってはいませんでした。

当初遺骨は熊本の和田家のお墓へ持っていくことになっていましたが、タイミング良く東京都の霊園の募集を知り、凄い倍率だとわかったのですが、ダメもとで私が応募してみたところ、幸運にも当たりました。

郵便局員が書留で届けてくれた時のことが鮮明に甦ります。

偶然にもその日は息子たちも家にいて、家族でよろこびあいました。いつも近くで父を感じることができるし、お墓参りに行けるからです。

実はこのお墓の当選には、とても不思議な後日談があります。

当選後は霊園を正式に所有するための書類手続きを都庁でしなくてはならないのですが、その提出書類の一つがどうしても見つかりません。

とうとう期日のその日になってしまいました。

「どうするんだよ！　せっかく当たったのに」と息子たちが責めよります。

あと何時間とせまり、探しても探しても見つからない。大事なものだから捨てるわけはありません。

刻々と近づくタイムリミット。その時に信じられない奇跡が起こりました。

まだ仏壇も買っていなくて棚の上に置いていた耕治さんの位牌がひとりでに倒れ、その棚の下の扉に当たり床に落ちたのです。

わたしたちは驚いて顔を見合わせました。

「えっまさか」

その棚の扉を開けたら、最後の揃うべき書類があったのです。

耕治さんが導いてくれたとしか思えない出来事でした。

不思議な力は世の中に存在するのだと思いました。

もちろん長男はその書類を他のすでに用意していた書類とあわせ、バイクを飛ばして都庁まで行きました。ギリギリ間に合い、無事に手続きを終えて立派なお墓を建てることができました。

耕治さんのお葬式は慌ただしく大阪で行われましたが、四十九日は東京で深町の親族や耕治さんの姉たちも出席する中で行われました。それから約二年後に亡くなったわたしの父も車椅子で出席してくれました。耕治さんは大学時代から深町家にとても馴染みがあり、皆がお別れをしに群馬からわざわざ東京まで来てくれたのです。深町の親戚には感謝してもしきれない恩を今でもわたしは感じています。

こんなところからも、耕治さんの人柄が偲ばれると思います。そして三回忌、七回忌は家族だけで静かに行いました。

いつまでもDNA

つい最近のことです。長男が家に向かって歩いてくるのが、光の加減で耕治さんのシルエットにしか見えず、瓜二つでびっくりしました。

耕治さんの医師としての運命を決定づけた性転換手術の第一号であったAさんとは、のちに耕治さんが開業の時に大変お世話になったクリニックの事務長のお力添えで会いました。

初めてだったのに、いつも話は聞いていたので、お互いに初めて会った気はまったくしなくて、何も言葉を交わさなくても心が通じました。ただただお互いうなずいて自然にみんなで抱き合い泣いてしまいました。

そのとき、Aさんは長男の仕草がそっくりだと言って「やだ〜和田先生だ！　そそ！　その感じとか〜やだ〜そっくり！」と言って感嘆していました。

それがきっかけとなり、長男はAさんと交流を深め、今も音楽で頑張っている彼をAさんは応援してくれています。天国で耕治さんも大変喜んでいることでしょう。

次男はさらに顔が耕治さんとそっくりです。声は二人とも父にそっくりです。

最近次男は「親父がよく夢に出てくるんだ！　いつも笑っている。俺も頑張るよ」と言っています。

父を思う　長男

父を一言で言うなら強い人です。そして努力家で不思議な人。父から学んだことは、「ブレてはいけない」ということです。そして、自分のしていることに誇りを持つこと、誇りを持てるくらい努力をすること。そうすれば誰かが認めてくれる。

父の亡骸を見て、自立しなければならない、努力しなくてはならないというチャンスをもらったと思いました。とにかく僕は父が生きていた頃は情けなくて（今も立派じゃないけど）周りの親戚や家族に会っても情けなくて（父に頼ってばかりだったから）。最後のメールは「大人になることや自立をすることの難しさ」を教えてくれた内容でした。

旅行の思い出は、石垣島とラスベガス。ラスベガスでは父がギャンブルで負けまくって心配したけど結局巻き返しました。そもそもそこまでお金を持っていたことに驚きました。もう一つお金にまつわる話では「お前これ銀行の窓口でこのメモに書いている俺の口座に入金しといてくれ」と言われてバッグを預かりました。道中チラッと中身を見たら一〇〇〇万円現金で入っていて焦りました。無事窓口に届けたのだけど、僕は金髪だしガラも良くなかったせいか、やたらと怪しまれて本人確認や家族であることを証明するのに時間がかかりました。株も教わった。それなりに楽しかったけど、これもきっと自分のお金で一からやっていたなら、もっとお金の大切さを感じてちゃんと勉強していたのかなって思います。

父は学生の頃、いつも自分の父親（僕の祖父）から届いていた仕送りの封筒を勉強机の前の壁に画びょうで留めて、それを見ながら医者になるために勉強していたらしい。この話は本当に今でも思い出すし胸にある。そんな父に褒められたことは、ほとんどないです。怒られた記憶の方がほとんど。一番古い記憶は四歳くらいの時、家のテーブルクロスが大きな「折り紙」みたいに見えて、つい興味が湧いてハサミで切ってしまったらむちゃくちゃ怒られた。「物を大切にできないやつはお金も人も大切にできないぞ」ってことを教わりました。他にも沢山ありすぎて書ききれない……。

父は僕に好きなことを沢山させてくれました。音楽についてもそう。何も言わず応援してくれた。大阪でライブに行った時は父とよく会いました。僕がライブに誘っても、いつも「メジャーデビューしたら行ってやるよ」とだけ言って来てはくれなかったけど、亡くなったあと父親のデスク周りの棚の整理をしていた時、奥の方から僕のCDが何百枚も出てきたんです。同じタイトルのものも何十枚って。それを見た時初めて涙が止まらなくなりました。僕（ANSIA・晃）が作った「lien...」という曲があるんだけど、そこには沢山の僕の父親に対する気持ちが入っていて、それを天国で聴いて欲しいなと思います。父のお墓参りをした日に二つのレコード会社からデビューの話が届きメジャーデビューできたのも、父が見守ってくれているからに違いないと思います。好きなように生きさせてくれたこと、色んなことを教えてくれたこと、本当に沢山感謝しています。

Ａさんのことは「あれは俺の『娘』だ」といつも自慢気に話していました。Ａさんとは今でも僕の誕生日ライブがあればお花をくれたり、僕もお店に行ったり誕生日プレゼントのお返しをしたりなど交流をさせてもらっています。

Ａさんも本当に父のことが今でも大好きで感謝しています。

遺言というにはそこまで重いものではなかったけれど、俺はいつ死んでもいいように生きているから、お前も頑張れと言われました。

性転換手術に関しては凄いなーと思います。子供の頃、イメージしていた「お医者さん」って白衣着て聴診器つけて病気を治して……ってものなんですが父は全然そんなんじゃない。一体「何を」治している医者なのか全然わからない時がありまして。

でもある時、父親の病院に遊びに行った時、顔も上げられないような暗いお客さんが来ていました。そのお客さんはしばらくして呼ばれて立ち上がり手術に向かったのだけど、そのタイミングで僕は看護師さんに「めちゃ暗い人だね（笑）」と話しました。そしたらその看護師さんは「あの人は自分の一重瞼にとてもコンプレックスを持っていて顔も上げられないくらいなのよ」と言われました。

そのあと少ししたら手術の終わったその人が、顔を上げて出てきました。

その時初めて「父は『心』を治している医者なんだ」とやっと理解できた瞬間でした。性転換手術死亡事件の時にすごく心配していると伝えたら「お前らには迷惑かけない、人の心配より自分の人生の心配をしろ」くらいにしか言われませんでした。

父への感謝はたくさんありすぎて書ききれません。ありがとう。

父を思う　次男

とにかく父は優しい人でした。最後の方は父も大変でたまに僕が何かすると怒鳴ったりしましたが、僕の中では優しくて、度胸があって、かっこいい父でした。そして男気がある！　信念を曲げない強い人です。

学んだことは戒めとして、何かした時は自分のケツは自分でふけ！　それができないなら、悪いことをするな。金は湧いて出てくるものじゃない。みんな汗水たらして一生懸命働いてお金を稼いでいる、ということ。

父の遺言ていうか、今も心に残るのは、当時（アメリカ時代）僕のまわりは金持ちばかりで、その時の僕はプライドも高く、いつか絶対父親みたいになるとか、強気なことを言っていたけど、実際はそうじゃなくていつもプレッシャーの中にいました。どうすればいいのか人生に迷い中だった。一緒にご飯を食べる時に父は僕に「金を稼ぐ人が偉いとはかぎらない、そうでなくても一生懸命働いて、人様に迷惑をかけなければそれが立派な人なんだ！」と言ってくれていました。

アドバイスとしては、「自分に信念がある時、間違ってないと思った時は、突き進め」と。

今僕も働いて父の苦労が少しは理解できるようになりました。今一生懸命仕事をしている姿を父にみてほしかった。気づいた時はもういないんだと思うとやっぱり悲しい。

旅行の思い出は数えきれないけど、一つに絞るならやっぱり二人で屋久島に行ったことです。千年杉を見た時写真を撮ろうと思ったら僕が電池を落としてしまい撮れなかった。父は「何してるんだよ！　半日かけて歩いたのに一番いいとこ撮れなかったじゃないか！」ってちょっと笑いながら怒って（笑）。

とにかくいろいろなことを学ばせてくれました。テニスもスキーも教わったし、なかでも教えてもらった麻雀は父が東京に帰ってきた時はいつも僕と兄、父の三人でやっていました。楽しかったし、大人になってからも麻雀ができると上司とかの付き合いも良くなるから、教わって良かったと思っています。

父に教わって感謝していることは、父が亡くなって改めて知ったお金の大切さ。仕事の大切さも。死に物狂いで働けば必ず結果はついてくる。本当に今はそう思います。

祖父から聞いた話だと父は昔から頭が良くて、剣道も初段、文武両道だったらしい。

九州の田舎育ちだから早く大きな町に出たかったようです。大阪に行き、ゲーセンで働いていたとき、深夜のお客さんでニューハーフがよく来ていて、父は可愛がられていたらしい。でもそんなニューハーフの人たちは明るくて面白いけど、性のことで悩んでいたみたい。父はそれを聞いてこういう人たちを治したいって思ったとかなんとか言っていた記憶があります。

父の性転換手術については父がどういうことをしていたのかはあまりわからなかったけど、父は常に「性転換手術で俺の右に出るものはいない！」「俺のこれ（手）が億を稼ぐゴッドハンドだ」って食事をした時に言っていました。

Aさんのことはよく聞いてい

ました。父が性転換手術に踏み出したきっかけの患者さんだったと。

医療事故の時、僕はアメリカにいたので父は心配かけまいとしたのか詳しくは聞いていませんでした。

ただネット上で父の悪口を見つけた時はいたたまれず、すぐ見るのはやめました。

最後の会話は、キリストの弟子のユダの話でした。次の日に父は亡くなりました。

補遺

ブルーボーイ事件

諸外国と比べて最先端の医療を行っている日本が、どうして性転換手術においては後進国となっているのか。それはこの事件の判決が、曲解されて報道されたことによるところが大きいだろう。

一九六五年（昭和四〇）に優生保護法と麻薬取締法違反の容疑で東京都の産婦人科医A医師（四一）が逮捕された。一九六九年（昭和四四）二月、東京地裁はA医師に懲役二年、執行猶予三年、罰金四〇万円の有罪判決を下した。

罪にあたるとされたのは、次の二点についてである。

第一に、三人のゲイボーイに性転換手術を施し、一人六万円で手術をした。

第二に、小学校時代の同級生に医療用麻薬オピアト注射液一ミリリットル入りアンプル一〇本ずつを一五回にわたり譲渡、代金合計八三万円を受け取った。

性転換手術が優生保護法違反として罪に問われたのは、わが国では後にも先にもこの事件だけである。

優生保護法（現在でいう母体保護法）のうち、主に論点となったのは第二八条「何人も、この法律の規定による場合の外、故なく、生殖を不能にすることを目的として手術又はレントゲン照射を行ってはならない」である。

この「故なく」という点が問題だった。

裁判記録では、ジョンズ・ホプキンズ医学研究所のイラ・ボーリー博士などの論文や、一九六六年にハリー・ベンジャミン博士が提示した性転換手術の適用のための指標と基準を参考にし、この治療の必要性は認めている。綿密なカウンセリングのうえ「故あり」だと明確に提示できれば問題ないとされたのである。すなわち、次のようになる。

「①手術前の精神医学、心理学的な検査と一定期間の観察。②当該患者の家族関係、生活史、将来の生活環境に関する調査。③精神科医をまじえた複数分野の専門医による検討の上で決定し、能力のある医師により手術を実施。④診療録、調査、検査結果等の資料の作成、保存。⑤患者が性転換手術の限界と危険性を十分理解しうる能力のあること。配偶者および保護者の同意書も必須」

これは後に、埼玉医科大学が一九九八年に、国内初の公式な性転換手術を行う際、日本版ガイドライン作成への下敷きにもなった。

判決では「前記の条件に照らしてみるに、（中略）より慎重に医学の他の分野からの検討をも受けるなどして厳格な手続きを進めていたとすれば、これを正当な医療行為と見うる余地があったかもしれない」と述べられている。

では、実際のところブルーボーイ事件では、術前の観察や検診、カウンセリングはどうだったか。

一件はひと晩考えさせただけ、後の二件は電話で予約後、来院当日にすぐ手術と、あまりにあっさり済ませすぎた。家族、家庭環境、住所さえ聴取せず、診療録も作成しなかった。つまりは、あまりに軽率な手続きが「医学常識から見てこれを正当な医療行為として容認できないもの」とされたのである。

判決文全体を吟味すれば、「性転換手術は正当な医療行為である」と解釈できる内容であったにもかかわらず、世間では「性転換手術＝優生保護法違反」というイメージだけが一人歩きすることになった。

そのうえ前述した第二の罪、違法薬物の譲渡もあった。

ところで、優生保護法の第三四条には、「第二八条の規定に違反した者は、これを一年以下の懲役、又は十万円以下の罰金（現在では罰金五〇万円以下に改定）に処する。そのために、人を死に至らしめたときは、三年以下の懲役に処する」とある。判決の「懲役二年、執行猶予三年、罰金四〇万円」はいささか刑が重い（当時、大卒初任給平均は約二万五千円。現在は約二一万円。八倍強と考えると、当時の四〇万円は現在の感覚でおよそ三二〇万円）。

つまり被告人は麻薬取締法違反との量刑であり、刑としての重さは、むしろ麻薬取締法違反にかかっていたのである。

テレビや新聞などのメディアも性転換についてしか取り上げなかったため、そのインパクトの強さから、保身を大事にする医師たちは誰も手を出さなくなっていった。

これ以降、「さわらぬ神にたたりなし」状態のまま、三〇年もの間タブー視されることとなる。

もう一つこの裁判の奇妙な点をいえば、産婦人科医が有罪判決を受けた一方、被害者は不在なのだ。性転換手術を受けた人たちは被害届を出さなかった。むしろ、自分の内面の性に合った身体を手に入れ、ようやく心のやすらぎを得ていたのである。

ほかには、性転換して女性になった街娼を、警察が取り締まるために優生保護法を強引に適用したという話もある。法的には男性であるため売春防止法では取り締まれず、そこで、おおもとである性転換手術を施す医師を逮捕し、「男性の街娼」そのものの発生を止めようとしたのである。

性転換史

性転換手術はいつから始まったのだろうか。

世界的な公の記録としては、デンマーク人、アイナ・ヴィーイナ（Einar Wegener）の一九三〇〜三一年にかけてのMTF性転換手術が世界初とされている。性転換後の名はリリ・エルベ。

アイナ（リリ）はまず一九三〇年に、ドイツ・ベルリンを訪れ、マグヌス・ヒルシュフェルト博士（性科学界のアインシュタインと呼ばれた医師）の監督の下に睾丸摘出手術を受けた。次いでドレスデン市立産婦人科診療所にてクルト・ヴァルネクロス博士により陰茎の除去と卵巣の移植手術が行われた。つまり、公の記録としては、初の性転換手術執刀医はヴァルネクロス博士ということになる。

提供された卵巣は二六歳の女性のものであった。この卵巣は拒絶反応により三回目と四回目の手術により再摘出されたが、一九三一年の五回目の手術により子宮が移植された。そうして五〇歳を前に念願の「母」の身体となることができた。しかし、その数ヶ月後に拒絶反応の悪化によりリリ・エルベは死去してしまう。

その記録は、リリの日記、友人や元妻とやりとりした手紙を元に、友人がまとめた自伝本として出版された。二〇一五年初春には、アイナと妻ゲアダの話をモデルとした映画『リリーのすべて』が公開されている。ところで男性時代の本名 Einar Wegener はドイツ語読みの「アイナー・ヴェゲナー」や「アイナル・ヴェゲネル」などと表記される場合が多いが、荒俣宏氏の『女流画家ゲアダ・ヴィーイナと「謎のモデル」』によると「アイナ・ヴィーイナ」が本来のデンマーク語の発音に近いとのことで、ここでもそうした。

世界的に性転換手術というものが知れ渡るようになったのは、アメリカ軍人ジョージ・ジョルゲンセンによる。彼は一九五二年にデンマークで手術を受け、翌年クリスチーヌと名乗り女性として帰国した（ただし、造膣術は帰国後の一九五四年にニュージャージー州で受けている）。それが世界的な大ニュースとなったのだが、日本でも新聞で「軍曹変じて女性に」との見出しで報道され、大きな話題となった。

しかし実は日本では、それ以前に性転換手術を受けた人がいた。

永井明子（本名：明）というＭＴＦの人物である。

永井は、一九二四年（大正一三）東京葛飾区生まれ。一九五〇年八月から五一年二月にかけて都内の外科と某大学付属病院で、二回に分けて精巣と陰茎の除去手術と造膣手術を受け、さらに別の病院で乳房の豊胸手術を受けた。

永井の手術の完了はクリスチーヌ・ジョルゲンセンの手術開始よりも一年ほど早く、ジョルゲンセンの造膣術をもって性転換の完了とすると三年先をいっていたのである。日本の性転換手術に関する技術は、当時、世界のトップレベルにあったことがうかがえる。さらにそれ以前にも、実は日本で性転換手術は行われていたともされているが、むろん公の記録はなく、正確な情報はない。

参考文献

和田耕治「性転換手術　美容外科医のBlog」(https://blog.goo.ne.jp/wd504)
穴田秀男(一九七六)『性は変えられるか——性転換症の医学的解明』メディカルトリビューン日本支社 Sexual Medicine 編集室
荒俣宏(二〇一六)『女流画家ゲアダ・ヴィーイナと「謎のモデル」——アール・デコのうもれた美女画』新書館
コリン・ウィルソン(鈴木晶訳)(一九八九)『性のアウトサイダー』青土社
澁澤龍彦(二〇一七)『エロティシズム』中央公論新社
杉山貴士(二〇〇八)『聞きたい　知りたい　性的マイノリティ——つながりあえる社会のために』日本機関紙出版センター
「性同一性障害に関する診断と治療のガイドライン」日本精神神経学会、性同一性障害に関する委員会（https://www.jspn.or.jp/modules/activity/index.php?content_id=84）
「『ブルーボーイ裁判』判例」archive.today（http://archive.fo/b8NeW）
高橋鐵（一九九三）『アブノーマル――異常性愛の心理と行動の分析』河出書房新社
田中玲（二〇〇六）『トランスジェンダー・フェミニズム』インパクト出版会
蔦森樹（二〇〇一）『男でもなく女でもなく――本当の私らしさを求めて』朝日新聞社
デイヴィッド・エバーショフ（斉藤博昭訳）（二〇一六）『リリーのすべて』早川書房
虎井まさ衛（一九九六）『女から男になったワタシ』青弓社
Niels Hoyer（2015）*Lili: A Portrait of the First Sex Change English Edition*: Canelo.
橋本秀雄（二〇〇四）『男でも女でもない性・完全版――インターセックス（半陰陽）を生きる』青弓社
帚木蓬生（二〇一一）『インターセックス』集英社
はるな愛（二〇一二）『素晴らしき、この人生』講談社
ミルトン・ダイアモンド（二〇一一）「性科学／教育の過去・現在・未来」『現代性教育研究ジャーナル』第一号
吉澤京助（二〇一六）「『性同一性障害』概念の普及に伴うトランスジェンダー解釈の変化」『ジェンダー研究』第一九号
吉永みち子（二〇〇〇）『性同一性障害――性転換の朝』集英社

本文の引用文（和田耕治医師のブログ、メール文、供述記録）には
今日の人権意識に照らして不適切と思われる表現もありますが、
執筆時の時代背景を考慮し、当時のままといたしました。（編集部）

和田 耕治（わだ こうじ）

1953-2007年。性転換（性別適合）手術の第一人者で、大阪市北区の美容・形成外科「わだ形成クリニック」の院長を務めた。宮崎県延岡市出身。群馬大学医学部を卒業後、東京逓信病院、東京警察病院、大手美容クリニックを経て、1996 年に大阪で開業。1997 年に日本精神神経学会が「性同一性障害に関する診断と治療のガイドライン」を策定した後も、ガイドラインに束縛されることなく、患者の希望に沿い性転換（性別適合）手術を行った。その手術数は国内で600人以上。学会や社会からは異端視されたが、ジェンダーに悩む多くの人々に尽力的かつ安価に、医療手術・整形手術・性転換（性別適合）手術などを行った。2007 年、自身の病院で突然死した。

深町 公美子（ふかまち くみこ）

群馬県前橋市出身。就職先の群馬大学で、学生の和田耕治と出会い結婚。現在は鍼灸師、認定エステティシャン、東洋アロマセラピスト、薬膳五味五色コーディネーター。鍼灸（東京医療専門学校）、美容（SABFA）の学校を卒業後、A-ha（アハ）治療室開業。著書に『押せば変わる! 美人のツボ 100』（集英社）、『体と心にきく毎日のツボ』（集英社・セブン & アイ）、料理本『冷え冷えガールのぽかぽかレシピ』（主婦の友社。韓国・台湾でも発売）がある。大手企業マガジンではツボやアロマの連載、女性誌、健康雑誌では美容・健康に関する特集や別冊付録を数多く手がけている。

ペニスカッター

性同一性障害を救った医師の物語

2019年2月14日　第1版第1刷発行

著　者 ―――― 和田耕治　深町公美子

著者エージェント ― アップルシード・エージェンシー
(http://www.appleseed.co.jp)

構　成 ―――― 寺澤晋吾

デザイン ―――― 中川真吾

D T P ―――― 山口良二

発 行 人 ―――― 宮下研一

発 行 所 ―――― 株式会社 方丈社
〒101-0051
東京都千代田区神田神保町1-32　星野ビル2F
Tel.03-3518-2272／Fax.03-3518-2273
http://www.hojosha.co.jp/

印 刷 所 ―――― 中央精版印刷株式会社

Printed in Japan　ISBN978-4-908925-44-3